D1718523

Christine Schilling

Anfragen zum Buch richten Sie bitte an:
Christine Schilling
Tel.: 0221 – 55 21 37

Redaktion, Titelbild &
Umschlaggestaltung: Fritz J. Andrzejewski, Tel.: 0221 – 13 42 57

ISBN 3-938535-04-0

Christine Schilling

Wenn ich groß bin, werde ich auch blind ...

Inhaltsverzeichnis

„Lieber Sehender, ich brauche Dich"

Dies ließ ich schon vor über zwanzig Jahren die Sehenden in einer Dankeschönaktion wissen. Gleichzeitig bedankte ich mich für ihre Mithilfe. Heute wende ich mich ganz speziell an fast alle Sehenden.

So möchte ich mit diesem Buch den sehenden Mitmenschen Einblick in meine Welt des Blindseins bieten, um dann am Ende des Buches Sie als Verbündete an meiner Seite zu haben.

Dieses Buch ist gleichzeitig ein ganz herzliches „Dankeschön" an meinen Sohn Michael, der mich noch nie im Stich gelassen hat.

Gewidmet ist es auch zwei rührigen Menschen, die mir lieb zur Seite stehen, und natürlich meiner Englischlehrerin.

Diese Menschen haben bisher enorm dazu beigetragen, dass mein Weg durch die Dunkelheit, oder auch in der Dunkelheit, ein leichterer ist.

Danke auch an die ungezählten Mitmenschen, die ich aus Platzmangel, großes Ehrenwort, leider hier nicht erwähnen kann.

Christine Schilling
2005

Ich brauche Dich

Lieber Sehender,

ich brauche D i c h, begreifst Du mich?
Was ich Dir damit sagen will?
Du schaust für mich ganz still,
damit ich kann nehmen wahr,
so legst Du mir die Welt recht anschaulich dar.
Hab ich mich einmal schon bedankt dafür?
Wenn nicht, dann danke ich jetzt mit Gebühr.
Versuch´ mich einmal zu verstehen.
Ich kann zwar nicht sehen,
doch es liegt an Dir,
wie sehr ich von Deinem Schauen profitier´.
Machst Du es so, dann seh´ auch ich,
dafür bedanke ich mich.
Bin ich einmal ungeduldig und nervös,
sei mir bitte nicht bös´.
Mein Leben ist hart, mit viel Verzicht ohne Licht fast leer.
Doch Dein Verständnis bringt Licht in mein Dasein.
Dabei fällt mir gerade ein:
Wenn wir uns einmal nicht verstehen,
dann wäre es schön,
Du sagtest es mir,
anstatt Dich zu verfeinden mit mir.
Ich bin dankbar für jedes offene Wort,
und Du wirst sehen, wir verstehen uns sofort.
Lass´ uns weiterhin die Welt anschauen,
dann hast Du auch stets mein Vertrauen.
Denn ganz ohne Vertrauen geht's nun mal nicht,
Dich lieber Sehender, Dich brauche ich.

Ich brauche meinen Partner,
der mit mir und für mich sieht,
und stets bis heute zu mir hielt.
Auch meine Kinder, die brauche ich.
Schön wäre es, sie hätten etwas mehr Zeit für mich.
Ich brauche die Verkäuferin, die mir die Beschaffenheit
der Waren beschreibt,
sie weiß längst Bescheid.

Ich brauche den Taxifahrer, der mich zum Arzt bringt
und dafür sorgt, dass ich dort gut komme an,
da ich es oft allein nicht mehr kann.
Ich brauche den Apotheker, der mich
auf ein neues Präparat aufmerksam macht,
auch den Postbeamten,
der mich stets freundlich anlacht.
Er weiß längst, dass er sich muss
mit seinem Namen nennen,
wie sollte ich ihn sonst erkennen?
Mein Ohr nimmt so vieles für mich auf,
doch eines, lieber Sehender, nehme ich nicht in Kauf:
Wenn Du mich die Treppe runterschubst,
weil Du bist in Eile,
ich dadurch heulend auf dem Boden liegend verweile.
Wie oft man beim Aussteigen aus der Bahn
keine Rücksicht auf mich nimmt,
und wehe, zeige ich mich einmal verstimmt.
So habe ich längst gelernt, auch in solchen Situationen
die Ruhe zu bewahren,
musste akzeptieren, dass ich ausgesetzt bin
vielerlei Gefahren.
Wenn ich einmal wartend am Straßenrand stehe,
so deute dies bitte nicht als Hilflosigkeit,
denn ich weiß wohl, wann ich muss gehen.

Gehen rüber auf die andere Straßenseite, das ist mir klar,
den weißen Stock stets im Einsatz,
die Ohren auf Empfang,
das klappt in der Regel wunderbar.
Tasten meine Hände auch suchend viele Gegenstände ab,
so schau bitte nicht voller Mitleid auf mich herab.
Ist Dir eigentlich bewusst,
wie gut ich meine Umwelt registrier',
wie rege mein Geist ist, oh glaube es mir!
Meine Restsinne ich stets im Einsatz habe,
das ist eine vom Schöpfer mitbekommene Gabe.
Denn fällt einer der Sinne aus,
man sich der anderen besinnt
und macht das Beste daraus.
Siehst Du, lieber Sehender,
mit dieser Beschreibung wollte ich
von mir, der Blinden, etwas bringen.
Sollte es mir gelungen sein,
Dich auf mich aufmerksam gemacht zu haben,
so werden wir Blinden es in Zukunft
bestimmt leichter haben.
Du siehst, der Blinde ist ein Mensch wie Du und ich,
doch bei aller Selbständigkeit:

Immer wieder braucht er Dich.

Wie das Gedicht „**Lieber Sehender**" *entstanden ist:*

Irgendwann beschlossen vier sehende Frauen, eine Zeitschrift ausschließlich für blinde Frauen herauszugeben. In dieser Zeitschrift sollten Artikel aus verschiedenen Frauenzeitschriften in Blindenschrift erscheinen, welche sonst in Zeitschriften für Sehende gedruckt werden.

Der Sehende kauft seine Zeitschriften im Zeitungsladen oder am Kiosk. Ich beziehe meine Zeitschrift in Braille-druckschrift. Eines Tages las ich: „Die neue Mode ist bunt, sehr bunt. Lange wallende Kleider und Röcke in herrlichen Farben ... "

Danach folgte eine Aufzählung aller Farben in verschiedenen Farbnuancierungen, z.B. rot-rosarot, bordeauxrot, hellrot, dunkelrot, ferner in den Farben blau, grün-gelb, auch hier in verschiedenen Farbschattierungen.

In mir tat sich beim Lesen ein Farbenhimmel auf, und ich hatte Schwierigkeiten, mich danach wieder in meiner Dunkelheit zurechtzufinden. Lange noch saß ich nachdenkend, wie herrlich es war, einmal so differenziert Farben gesehen zu haben.

Heute noch, nach über dreißig Jahren, träume ich von Farben. Und auch hier sehe ich die Farben so detailliert, dass es mir schon passierte, dass ich, nachdem ich aufwachte, das Licht im Schlafzimmer anknipste und erstaunt war, nichts zu sehen.

Im Klartext: In meinen Träumen bin ich sehend. Ich sehe geistig alle diese herrlichen Farben vor mir.

Lieber Gott, lass mich doch zumindest einige Minuten hin und wieder sehen, damit ich mich voll tanken kann von den Erlebnissen. Dass das illusorisch ist, habe ich sehr schnell begriffen.

Um dem Redaktionsteam der Zeitschrift meine Freude, die sie mir mit diesem Bericht gemacht hatten, mitzuteilen, setzte ich mich an meine Schreibmaschine und dankte. Macht bitte weiter so...

Gleichzeitig mit meinem Brief fanden sich in der Redaktion weitere Briefe ein, nur in einem ganz anderen Stil.

Was war das?

In diesen Briefen beschwerten sich Frauen, man möge in Zukunft derartige Artikel nicht mehr bringen.

Es waren ausschließlich Frauen, die von Geburt an blind waren. Sie hatten noch nie Farben gesehen.

In einem nachfolgenden Brief bat ich jene Frauen, doch bitte für uns, die Späterblindeten, aus reiner Solidarität, derartige Berichte zuzulassen. Jetzt attackierte man mich.

Noch einmal versuchte ich, in einem erneuten Bericht mitzuteilen, wie wichtig mir, aber auch anderen Späterblindeten, Farben sind. So brauche ich z.B. niemanden, der mir bei der Zusammenstellung meiner Kleider behilflich sein muss.

In meinem Kleiderschrank hängen Kleider, Blusen und Röcke farblich sortiert. Gut, Farben kann man nicht fühlen, aber die unterschiedliche Beschaffenheit der Textilien.

Kommt es allerdings vor, dass ich bezüglich einer Farbe unsicher bin, frage ich eine Freundin bei ihrem nächsten Besuch. Irgendwann taucht immer jemand bei mir auf.

Das alles ließ ich die Leserinnen wissen. Beim Redaktionsteam bedankte ich mich noch einmal.

Daraufhin bekam ich knurrende Anrufe, die ich versuchte, natürlich nicht knurrend, zu beantworten. Es nutzte nichts.

Kurzentschlossen setzte ich mich an die Schreibmaschine und verfasste das Gedicht „Lieber Sehender."

Ich hatte es wirklich in Windeseile niedergeschrieben, das hatte auch seinen Grund.

Mir war seit langer Zeit die Problematik der Unterschiede zwischen Geburtsblinden und Späterblindeten bekannt.

14

Zu oft hörte ich von Seiten der Geburtsblinden, dass sie die Hilfe eines Sehenden als Selbstverständlichkeit betrachten. Immerhin wussten sie es nicht anders, als dass sie von Kindesbeinen an Hilfe bekamen, was für sie ganz normal ist. Wir, die wir einmal gesehen haben, konnten vorher vieles alleine. Eine Hilfe in irgendeiner Form ist nicht selbstverständlich für uns. Dazu hatten wir von Kindesbeinen an gelernt, dafür danke zu sagen. Das erklärt diese unterschiedlichen Reaktionen.

In meinem „Dankeschöngedicht" versuche ich dem Sehenden klarzumachen, dass ich durchaus ziemlich selbständig bin, trotz allem aber meine Grenzen habe. Diese nette Kooperation mit Ihnen, den Sehenden, betrachtete ich keineswegs als Selbstverständlichkeit. Dafür bedanke ich mich.

Gleichzeitig ließ ich, gesondert für jede Institution, z.B. große Kaufhäuser, Taxizentralen und auch das Postministerium ein Schreiben los, mit der Bitte, mein Gedicht in ihren Werkszeitschriften zu veröffentlichen. Ganz wichtig fand ich, dass Blindenheime, Blindenhörbüchereien, Hilfsmittelversandhäuser und viele Leute, die sich für Blinde einsetzen, dieses Dankeschön bekamen und dies im Namen a l l e r Blinden. Mehr wollte ich nicht!

Als ich diese Dankeschönaktion durchführte, befanden wir uns im „Jahr der Behinderten" 1981. Zwischenzeitlich tauchte das Gedicht immer wieder in Einzelaktionen auf, die ich keineswegs gestartet hatte, sondern beispielsweise ein Busunternehmer oder andere Menschen.

15

Seit mir ein Herr mit dem erstaunten Ausruf: „Sie denken ja genauso wie Sehende" begegnete, macht das Gedicht wieder seine Runde, so auch in dem Buch „Gefühltes Wort", des Kölner Autors Fritz Johann Andrzejewski, (Im Krahnenhof 5-7, 50668 Köln; Telefon 0221 – 13 42 57) der sich als „Morbus Crohn Betroffener" (Morbus Crohn ist eine noch nicht heilbare chronische Darmerkrankung) mit dem „Schreiben als Medizin" beschäftigt.

In diesem Buch kommen neben ihm noch weitere Autoren und Künstler zu Wort und Bild. Auch mein Gedicht ist hier eingebunden. Die Reaktionen sind durchgängig positiv.

Nun kann ich grundsätzlich nur aus der Sicht einer Späterblindeten berichten. Ich weiß noch zu genau, wie es mir am Anfang meiner Mitgliedschaft des örtlichen Blindenvereins erging. Der Vorsitzende meinte, die Späterblindeten könnten nur jammern. Oh je, ich war zu diesem Zeitpunkt auch ein Bild des Jammerns. Und er, der mir wie ein Mensch von einem anderen Planeten erschien, zählte mir alle seine Tüchtigkeiten auf. Nein, so weit war ich längst noch nicht, konnte es mir auch nicht vorstellen. Später erfuhr ich dann, was es mit seiner Tüchtigkeit auf sich hatte. Dieser Mann war von Geburt an blind. Kann jemand, der nie gesehen hat, sich in einen Späterblindeten überhaupt hineinversetzen? Ich bezweifle es. Sicher, ihm bleibt der Weg durch die Hölle erspart. Als Weg durch die Hölle ist jede Art von Erblindung anzusehen, nicht nur für mich. Dieses „nie wieder sehen können" kann einen Menschen an den Rand des Wahnsinns bringen. Für jeden Neuerblindeten beginnt ein neuer Lebensabschnitt, der ihn zwingt, sich ab sofort in der Dunkelheit zurecht zu finden.

Das kann unter Umständen ein langer Weg werden, voller Enttäuschungen. Was noch viel weniger bekannt ist: Das Licht, das ihm bis dahin die Kraft über die Optik gab, fehlt ihm jetzt.

Mehr Licht

Goethe war es, der es in seiner Sterbestunde gesagt haben soll. Es könnte genau so gut von mir sein. So berichtete vor Jahren in einer Fachzeitschrift ein Team vom Jülicher Atomzentrum: „Das Tageslicht, nicht das künstliche Licht, bewirkt beim Menschen, dass über das Licht, welches auf das Auge trifft, ein elektrochemischer Prozess im Sehzentrum des Gehirnes ausgelöst wird und dadurch Energie erzeugt wird, die Kraft gibt."

Ich möchte, lieber Leser, dass Du jetzt einmal die verschiedenen Aufwachsituationen im Sommer oder im Winter Dir vor Augen hältst. So wie die Sonne, also primär das Licht, am Morgen Dein Auge berührt, bist Du hellwach. Es sei denn, Du hast eine schlaflose Nacht hinter Dir und deckst Dich noch einmal zu. So ist es im Sommer.
Und im Winter? Es umfängt Dich, wenn der Wecker klingelt, die Dunkelheit. Fällt Dir dann das Aufstehen auch so leicht wie im Sommer? Man spricht von der Winterdepression.
Die kann ich mir allerdings nicht erlauben. Sie kommt bei mir erst gar nicht auf, weil ich, oh Wunder, kein Wunderkind bin, sondern weil ich ziemlich diszipliniert lebe und weil ich ein Verantwortungsgefühl habe. Bei allem Verständnis das man der Depression heute entgegenbringt, habe ich persönlich kein Verständnis dafür, weil es nur ein zusätzliches Heer von kranken Menschen hervorbringt.
Gut, sie werden vom Sozialstaat aufgefangen. Was aber, wenn irgendwann das Geld dazu fehlt? Ich liebe Menschen, die ihr Leben im Griff haben und nicht ständig von ihren Depressionen erzählen. Das muss ich einblenden, weil ich gerne von der positiven Seite des Lebens berichte.

Das berühmte „arme Tier" haben wir alle einmal. Da schließe ich mich nicht aus.

Gehe ich dazu ehrlich mit dem Status meines jetzigen Lebens um und weiß, was der Staat mir als Blinder an Umschulung und finanzieller Hilfe zukommen lässt, kann ich nicht anders als dankbar sein.

Nun komme ich noch einmal zum Thema „Mehr Licht" zurück. Alle, die Ihr noch eine Winzigkeit seht oder auch nur noch das Licht habt, freut Euch, denn so braucht Ihr Euren Tag nicht durch eigene Kraft zu stimulieren, wie ich es tun muss.

Das bedeutet, morgens, ob schlaflose Nacht, ob ohne Licht geweckt, erst einmal einen Muntermacher, in Form einer guten Tasse Kaffee oder Tee zu trinken, dazu wie ich es seit langem handhabe, zehn Minuten das Gehirn auf Hochtouren bringen.

Mir fällt es, Gott sei Dank, nicht schwer, mich an der Quelle anzuschließen. Ich sage bewusst „Quelle anzuschließen".

Da stehe ich nicht alleine. Wir alle kommen von einer Quelle, nämlich von Gott. Wenn wir uns mit ihm im Geist vereinen, tanken wir seine Kraft auf.

Ich bin nicht naiv, sondern ein Kind Gottes; ich gebe es bewusst preis.

Ich liebe Wortspielereien.

Ich trauere dem Licht seit dem Beginn meiner Blindheit nach, doch Licht...- Gott ist Liebe, Leben und Licht!

Ich sprach von der Quelle, von der ich mein Licht bekomme. So einfach ist es. Ein Glaubender und ein Kind wissen davon. Natürlich kommt ein Kind nicht mit diesem Wissen auf die Erde. Doch so wie man es ihm verständlich erklärt, begreift es.

Als Erwachsener zu dieser Erkenntnis zu gelangen, fällt durchaus schwerer. Doch das Leben ist eine Schule, und wir lernen, hoffentlich ein Leben lang. Die dies nicht für notwendig halten, ziehen den Kürzeren.

Dieses ließ ich alle Neuerblindeten wissen, die sich an mich wandten, weil ich ihnen Schützenhilfe angeboten hatte.
Ich hatte mir geschworen, wenn du wieder einmal auf deinen Beinen stehst, wirst du allen helfen, die nichts von Blindenhilfsmitteln, Blindenschrift und dergleichen wissen.

Der Vorsitzende vom Blindenverein wusste davon und bot dies den Neuen an. Mittlerweile habe ich ihn zum Verbündeten, denn es dauerte eine Weile, bis er mir endlich zuhörte.

„Ihr Geburtsblinden habt nie den Kampf der Erblindung erleben müssen. Euch hat man von Anfang an in die Blindenschrift, in technische Hilfsmittel, nach Schall gehen und vieles andere eingeweiht. Ihr lerntet von Kindesbeinen an, und wir, die Späterblindeten..."
So musste er sich ständig mein Credo anhören. Trotzdem stand er mir bei mancher Aktion hilfreich zur Seite. Ein „Aber" klingt leider immer noch durch, denn so ganz will er die Problematik unserer Rebellion in der Dunkelheit immer noch nicht verstehen.

Wie aber konnte ich den Neuerblindeten helfen, ohne aus dem Haus zu gehen und Bus- und Bahnfahrten in Kauf nehmen zu müssen? Alles per Telefon?
Wie sagte mir mein Sohn? „Wer faul ist, ist auch schlau!"

Es geschah nicht aus Faulheit, sondern weil es mich zuviel Kraft und Zeit gekostet hätte, die Schüler außer Haus zu unterrichten.

Eine Ausnahme machte ich bei Stefan. Ansonsten ging es per Telefon. Meine Schüler und ich hatten jeweils den Hörer am Ohr und das Lehrbuch auf dem Schoss. Die Schüler hörten so stets meine Anweisungen. Ich konnte kontrollieren, ob sie mir die Wörter richtig vorlasen.

Bevor ich mit dem Unterricht anfing, brauchte ich viel Zeit und Verständnis für meine Schüler. Lange, oft sogar mitternachts, hörte ich mir geduldig ihre Schicksalsberichte an. Das bedeutete hinhören und verstehen. Je nach Auffassungsgabe der Schüler fing ich zuerst mit einem kleinen Gedächtnistraining an. Es ging darum, sich eine kurze Radiosendung anzuhören, um sie mir im Anschluss detailliert wiederzugeben.

Dazu gab ich den Schülern praktische Tipps über Hilfsmittel und diverse Möglichkeiten oder auch wie sie bestimmte Tätigkeiten ohne fremde Hilfe selbst erledigen konnten, so zum Beispiel: Wie isst man in einem Restaurant ohne dabei unangenehm aufzufallen?

Bei einer Bestellung sollte man den Kellner bitten, das Essen im Uhrzeigersinn anzuordnen, d. h. nach individueller Absprache die Kartoffeln auf 12 Uhr, das Gemüse auf 3 Uhr, das Fleisch auf 6 Uhr. Was ich ganz besonders wichtig finde, ist, dem Blinden verstärkt einzuimpfen, dass ab sofort eine Ordnung vorhanden sein sollte, die es ihm ermöglicht, alles wiederzufinden ohne lange suchen zu müssen. So heißt das, den Wohnungsschlüssel sofort nach Eintritt in die Wohnung auf die Innenseite der Tür zu stecken und nie an einen anderen Platz. Wenn dies erst einmal im Gehirn verankert ist, gibt es zumindest kein Schlüsselsuchen mehr. Es wäre jetzt zu umfangreich, alles weitere aufzuführen.

War die Vorarbeit geleistet und merkte ich, dass ich mit meinem Lehrprogramm anfangen konnte, erwartete ich, dass sich die Schüler anfangs auch wirklich täglich mindestens eine Viertelstunde Zeit zum Lernen nahmen.
Unser Gehirn ist dank des täglichen Trainings in der Lage, sich vollzusaugen. Es nimmt an Volumen zu. Auch dies hat uns die Wissenschaft längst bewiesen. Ansonsten kann es jeder an sich selbst ausprobieren.

Hier ein Bonbon für Ungläubige:
Eine 74-jährige Dame erfuhr im Krankenhaus von meinem Buch „Christine" auf Kassette und handelte nach meinen dort beschriebenen Vorschlägen, sich möglichst bald an einen örtlichen Blindenverein zu wenden, um dort Mitglied zu werden, die Blindenschrift zu erlernen und vieles mehr.
Nachdem sie ungefähr ein Jahr zum Erlernen der Schrift gebraucht hatte -dies dürfte die Norm sein- begann sie dazu mit dem Mobilitätstraining. Kurze Zeit später lernte ich diese Dame durch einen „Zufall" persönlich kennen. Sie erzählte mir bei dieser Gelegenheit freudestrahlend, wie sehr ihr das Buch „Christine, der Lebensweg einer Später-blindeten", geholfen hat.
Ich gab mich als Autorin des Buches zu erkennen. Spontan lagen wir uns in den Armen. Und wenn ich das Buch nur für sie geschrieben hätte, es hätte sich gelohnt...
Aber auch dies weiß ich längst: Mein Buch „Christine" haben viele Blinde sich auf Kassette angehört. Bis heute gibt es dieses Buch nur in dieser Form.
Ein Blinder, der, nachdem er die ersten Kassetten angehört hatte und sich bei der Blinden-Hör-Bücherei nach der Autorin erkundigte, rief spontan bei mir an und sagte: „Ich werde versuchen, „Christine" einem Verlag anzubieten..."

Dieses Buch liefert uns, den Blinden und den Sehenden, so viel an Informationen, dass es unbedingt gedruckt erscheinen sollte... Über eine weitere Veröffentlichungsmöglichkeit würde ich mich freuen, da ich es schrieb, um den Blinden meine guten Erfahrungen weiterzugeben und die Sehenden auch einmal in die Welt der Blinden schauen zu lassen.

Auch der sehende Partner, Freund oder Mitmensch braucht Informationen. Für den Neuerblindeten ist es notwendig, vieles was er einst konnte, wieder selbst in die Hand zu nehmen.

Mein Credo: Abhängigkeit macht uns kaputt und unglücklich.

Daher braucht auch der sehende Partner die Gewissheit, dass er dem Blinden nicht alles aus der Hand nehmen darf, auch wenn seine Geduld ziemlich strapaziert wird. Ich meine die Geduld des Blinden u n d des Sehenden.
Zu gut entsinne ich mich daran, als meine Familie nach meiner Erblindung bestimmte: „Du bleibst jetzt brav auf der Couch sitzen, hörst Radio, und wir machen alles. Immerhin mussten wir die letzten drei Monate, als Du im Krankenhaus warst, auch alles alleine machen."
Ich protestierte, bitte mich jetzt nicht in eine Ecke abzuschieben. Das hatte zur Folge: „Gut, dann machen wir nichts mehr, um Dir nicht ständig in die Füße zu geraten."
Beides war falsch, mir alles aus den Händen zu nehmen, aber auch mich alleine murksen zu lassen. Es war aus der Sicht meiner Familie lieb gemeint, aber...

Im Laufe der Jahre nahm ich an vielen Schicksalen Anteil. Viele Ehen sind daran gescheitert, dass man dem Blinden nicht mehr zutraute, und wie in einem konkreten Fall, diesen blinden Mann wirklich auf eine Couch verbannte...

Jahrelang saß dieser Mann auf besagter Couch und ließ sich vom Radio berieseln. Seine Frau, die Heimarbeit und diese auch noch im Akkord machte, hatte es so gewollt.
Der Mann wurde von ihr gefüttert, zur Toilette und abends ins Bett geführt. Der Rest ist Schweigen.
Als er starb, ging seine Frau dreimal täglich zum Friedhof.
Sie hatte sich nach dem Tod ihres Mannes dem Blindenverein als Begleitperson zur Verfügung gestellt. So wurde sie mir als Begleitung zugewiesen und auch hier wieder... Der Rest ist Schweigen.
Sie musste auf Anordnung des Lehrgangleiters die Lehrstätte verlassen. „Grausam", schrie jener Leiter diese Frau an: „Sie haben Ihren Mann zu Tode gepflegt und wollen diese Erfahrung auch noch an andere weitergeben."

Ich empfehle den goldenen Mittelweg: Ruhig den Neuerblindeten anfangs etwas murksen lassen, doch bereit sein, ihm in der Not zu helfen. Beide werden davon profitieren. Lieber sehender Partner, Deine Geduld wird belohnt!
Solches Verständnis, auch das durfte ich oft genug erleben, schweißt eine Partnerschaft zusammen.

„Junge, ich habe Dich ganz dolle lieb..."

Fragt man mich, „was war die schlimmste Zeit in Ihrem Leben," antworte ich spontan: „In der ersten Zeit nach meiner Scheidung, das Alleinsein mit Michael."

Innerhalb meiner Ehe landete ich oft wegen Überforderung in einer Klinik. Jetzt aber, nach der Scheidung, musste ich auf den Beinen bleiben. Es dauerte Wochen, bis ich dazu in der Lage war.

Michael, mit seinen knapp vier Jahren, kümmerte sich liebevoll um mich. Junge, ich danke Dir, auch wenn es für Dich das Normalste auf der Welt war.

Gingen wir die Pferde füttern, die auf einer nahegelegenen Koppel standen, spürtest Du meine Angst.

Zitternd ging ich neben Dir her, und Du ganz großer Beschützer sagtest: „Du brauchst keine Angst zu haben, ich bin doch bei Dir."

Oh Junge!

Einmal, wir standen am Schalter einer Sparkasse, drücktest Du mir Deine Wasserpistole in die Hand mit den Worten: „Du brauchst keine Angst zu haben, ich passe auf Dich auf."

Doch wenn wir dann Hand in Hand weitergingen, Du musstest ja an meiner Hand bleiben, war ich wieder diejenige, die das Kommando zum Überqueren der Straße gab.

Hin und wieder kam Deine große Schwester zu uns, ich darf verraten, leider viel zu selten. Einmal kam sie knurrend nach Hause und beschwerte sich über ihren kleinen Bruder, der sich weigerte, eine Straße zu überqueren, obwohl die Ampel auf „grün" stand.

„Mama hat mir erklärt, auch bei grün warten wir erst das herankommende Auto ab. Wenn es zwischenzeitlich wieder rot geworden ist, gehen wir beim nächsten grün rüber."

Doch einmal waren wir in einer fatalen Situation. Es grenzt an ein Wunder, dass wir beide noch leben: Michael war ungefähr 6 Jahre alt. Wir waren in eine andere Stadt gezogen.

Um einen Weg alleine zu gehen, vor allem den Weg zur Schule, übten wir. Eine Nachbarin war uns dabei behilflich. Wie immer hatte ich den Jungen an meiner Hand. Plötzlich sagte die Nachbarin, wir können die Straße überqueren. Von weitem her hörte ich zwar einen Laster heranrollen... Es drohte für uns aber keine Gefahr..., so glaubte ich.

Mich störte dabei nur mein Gefühl, wir würden die Straße der Länge nach überqueren.
Plötzlich, ein Schrei unserer Nachbarin, weil der Laster ganz in unserer Nähe war. Ich drückte Michael instinktiv an mich, mit den Worten: „Micha, ich habe Dich ganz dolle lieb," und rechnete damit, dass wir jeden Augenblick von dem Laster überrollt würden.
Gleichzeitig nahm ich wahr, dass der Fahrer des Lasters sein Fahrzeug auf den Bürgersteig gesteuert hatte.
Noch an allen Gliedern zitternd bedankte ich mich bei dem Fahrer. Michael hatte die Gefahr, in der wir uns befunden haben, gar nicht erfasst.-
Mir wurde wieder einmal zur Gewissheit, dass wir von guten Mächten wunderbar umgeben sind.

Dazu gab es nach Jahren noch einmal eine Begebenheit, in der wir beide uns lieb hielten mit demselben Satz, „Junge, ich habe Dich ganz dolle lieb."
An die 13 Jahre später, wurden wir durch ein Erdbeben aus dem Schlaf wachgerüttelt. Noch bevor ich richtig begriff, was geschehen war, kam Michael in mein Schlafzimmer, hielt mich lieb, und wir beteuerten mal wieder, dass wir uns sehr gerne mögen. Wir merkten, dass wir auch diesmal mit dem Leben davongekommen waren. Die Erde hatte sich nicht geöffnet.

Kurios, in solchen Situationen, wo es um Leben und Tod ging, war ich die Ruhe selbst: „Herr, Dein Wille geschehe!"
Später allerdings setzte das große Zittern ein. Doch mit zunehmendem Alter hat sich auch das Zittern verloren.
Das Leben kann einen ganz schön formen...

Wenn sich jetzt jemand wundert, dass gerade dieser Junge eine unwahrscheinliche Ruhe und Liebe ausstrahlt, so weiß ich, dass er von Gott eine Riesenportion Liebe mitbekommen hat. Gott wusste schon, warum. Nur er weiß, warum.

Gott gab ihm auch so viel Vertrauen mit, bei einer blinden Mutter sich einigermaßen sicher zu fühlen...
Ich werfe beim Schreiben dieses Berichtes 'mal wieder einen strahlenden Blick zum Himmel.

Seit dem Überqueren einer Straße auf recht umständlichem Weg mit dieser Nachbarin hieß es kategorisch, nur noch an Ampeln die Straße zu überqueren.

Da gibt es noch ein Erlebnis aus viel früheren Jahren:
Irgendwann kamen wir spät am Abend von einem Besuch nach Hause. Es war dunkel und so meinte Michael: „Du guckst jetzt für Dich und ich für mich." Plötzlich stieß er an eine Straßenlaterne. Sich noch die Beule am Köpfchen reibend sagte er, „Mama, guckst Du jetzt auch für mich?"
Das bedeutete für mich, den weißen Langstock auch über die Breite seines Körpers auszustrecken.
Als ich hörte, „wann sind wir zu Hause, ich bin so müde", nahm ich ihn auf meinen Arm. Er schlief ein, den Kopf auf meiner Schulter liegend.

Michael schlief als Kleinkind ziemlich oft auf meinem Arm ein. Anstatt ihn in einen Kinderwagen zu legen, musste ich ihn tragen.

Es ereignete sich viel in unserem Leben. Dies alles aufzuschreiben würde zu weit führen. Vielleicht schreibt aber Michael eines Tages etwas über das Zusammenleben mit seiner Mutter. Ich hatte ihn einmal darum gebeten. Mittlerweile ist er selbst schriftstellerisch tätig. Ich werde alles in meinem Herzen aufbewahren.

Das Herz einer jeden Mutter ist groß, das Herz eines Vaters natürlich ebenso.

Von wunderbaren Mächten stets geborgen... - Ich war und bin es immer noch.

Gott

ist meine Zudecke,
mit der ich mich abends
wohlig zudecke.

Sicherheit tut gut.-

Gute Nacht!

Fritz Johann Andrzejewski
aus „Gefühltes Wort"

Hallo Stefan,

*ich sitze hier an meiner Schreibmaschine, und Du bist schon
seit sieben Jahren in der jenseitigen Welt.*
Es gibt keinen Tod, nur ein Leben danach.
Wer mehr darüber wissen möchte, lese in der Bibel nach.
*Schön ist es zu wissen, dass Menschen, die die höchste
Philosophie, die Theologie, kennen, mit mir darin
übereinstimmen.*

Nun zu Stefan.
*Kennen gelernt habe ich ihn, als er gerade großjährig
geworden war.*
Alles fing harmlos an.

Eine Dozentin der Volkshochschule sprach mich an, um mich für eine Idee zu werben.

Da gab es einen Jungen, gerade 18 Jahre alt geworden, und fast blind. Dieser Junge war durch einen Autounfall ziemlich stark behindert.

Außer der Erblindung konnte er sich nicht artikulieren, und von Gehen konnte keine Rede sein.

Diese Dozentin wusste zu gut, dass blinde Menschen mir am Herzen lagen, ganz besonders Spät- oder Neuerblindete.

Deren Problematik war mir nur allzu gut bekannt.

Da ich selbst in den ersten Jahren meiner Erblindung viel zu lange, so an die 7 Jahre, ziemlich hilflos und unwissend war, wie ich mir durch gewisse Techniken mein Leben in der Dunkelheit erleichtern konnte, hatte ich mir, nachdem ich durch lernen, lernen und immer wieder lernen, geschworen, anderen Neuerblindeten hilfreich zur Seite zu stehen.

Mit meinem zweiten Mann hatten wir eine private Blinden-Beratungsstelle in unserer Wohnung aufgebaut.

So hatten sich einige Schüler, die die Blindenschrift erlernen wollten, an der Volkshochschule angemeldet. Auf Bitten der Dozentin habe ich dort die Gruppe der Kurzschriftleser übernommen.

Dazu machte mich die Dozentin auf Stefan aufmerksam.

Seine Mutter suchte händeringend jemanden, der zumindest einmal versucht, ihm die Blindenschrift beizubringen.

Sie selbst, die Dozentin, habe ihm zwar irgendwann die Vollschrift beigebracht, befürchtete allerdings, dass er sie längst wieder vergessen habe. So sprach seine Mutter wieder einmal die Dozentin an, zwecks des Lernens…

Mein Gott, der Junge arbeitet zwar in einer Behinderten-werkstatt. Trotzdem ist er todunglücklich. So wie er von der Werkstatt nach Hause gekommen ist, hörte sie ihn immer wieder sagen: „Ich will die Blindenschrift lernen!"

Mittlerweile erschien ihm das Leben sinnlos, da er viel zu viel schlafen und weinen würde.

Die Dozentin gab mir die Telefonnummer der Mutter: „Bitte, bitte versuchen Sie es zumindest. Hören Sie sich doch einmal die Mutter an. Vielleicht gibt es doch eine Möglichkeit."

Am gleichen Abend rief ich an. Nach einem kurzen Gespräch mit der Mutter am Telefon, kam Stefan an den Apparat. Ich hatte so gut wie nichts verstanden, dafür aber umso besser das flehentliche Bitten der Mutter: „Bitte, kommen Sie nur einmal vorbei und schauen sich den Jungen an."

Wenn ich hier von Schauen schreibe, dann meine ich auch Schauen. Denn wer einmal gesehen hat, bleibt ein Schauender. Nur, er schaut nicht mehr mit seinen sehenden Augen, sondern mit dem Verstand, mit dem Gedächtnis.

Im Kopf, zumindest ist es so bei mir, läuft ein ständiger Film ab. Dazu findet ein ständiges Denken statt.

Lieber Leser, schließe Deine Augen und denke, denke, denke...

Nach diesem Telefonat fuhren mein Mann und ich zu Stefan. Wir standen nach kurzer Begrüßung noch in der Diele, als mir plötzlich jemand stürmisch an den Hals sprang.

Mein Gott, wollte er mich erwürgen?

Da hielt mich jemand so krampfhaft lieb und schrie mir etwas ins Ohr, von dem ich absolut nichts, aber auch gar nichts verstand. Dieser Jemand, so erfuhr ich jetzt, war Stefan.

Dass er mich so krampfhaft lieb hielt, lag daran, dass seine linke Körperhälfte spastisch gelähmt war. Ein Unfall hatte den Jungen nicht nur fast erblinden lassen, sondern auch sonst ziemlich zugerichtet. Davon berichte ich später ausführlicher.

Stefans Mutter löste die Hände ihres Sohnes von meinem Hals. Wenn ich jetzt wieder besser Luft bekam, so blieb ich vorerst sprachlos.- Wir setzten uns in eine Sitzecke, und sie erzählte mir, wie es zu der starken Behinderung von Stefan gekommen ist.

Mein Gott, mir drehte sich der Magen. Allzu viel weiß ich nicht mehr von dieser ersten Begegnung, nur, dass Stefan, der dicht neben mir saß, meine Hand nicht mehr los lies und mir in unverständlichem Deutsch zuredete, wie einem kranken Kind. Ja, ich war die Hilflose. Nicht er, denn er wusste genau, was er wollte: lernen, bitte, bitte lernen.

Bei unserer Verabschiedung sagt ich zaghaft: „Stefan, ich versuche mein Bestes, versprechen will ich Dir vorerst nichts."

Es folgte eine schlaflose Nacht, in der ich heulte über die Situation dieses Jungen. Ob ich daran etwas ändern konnte? Ich bezweifelte es.

Dann aber bekam mein starker Wille die Oberhand. Aus dem Zweifel wurde Gewissheit. Stefan, wir versuchen es. So wie ich mich kenne, bleibt es nicht nur bei diesem Versuch. Mein Gott, wie oft hörte ich in den darauffolgenden Jahren das Wort: weiter, weiter, weiter...

Jetzt aber zu Stefans Unfall.

Es war Kirmes im Dorf. Dort wohnte Stefans Tante, die Schwester seiner Mutter. Die ganze Familie war dorthin eingeladen. Der Junge wollte noch zusehen, wie die Kirmesbuden abgebaut wurden.
Immerhin konnte man ihn alleine zurücklassen. Er war zehn Jahre alt und gab seinen Eltern das Versprechen, nur auf dem Bürgersteig mit seinem Fahrrad zu fahren. Der Junge, dass wussten die Eltern, war vernünftig. Sie waren auch davon überzeugt, dass er Wort hielt. Nach den Sommerferien, so stand es fest, sollte Stefan aufs Gymnasium.

Beruhigt gingen die Eltern zurück zum Besuch, und oh Schreck, das Unglück nahm seinen Lauf...

Eine Zeugin, die später berichtete, sah vom Fenster ihrer Wohnung, wie ein offensichtlich betrunkener Autofahrer mit seinem Wagen plötzlich auf den Bürgersteig fuhr und Stefan, nachdem er ihn mit seinem Auto erwischt hatte, einfach liegen ließ und davonfuhr.

Die Frau erkannte in dem Autofahrer den Bruder des Bürgermeisters. Sie kümmerte sich sofort um Hilfe.
Der Autofahrer aber fuhr heim und schlief seinen Rausch aus... Seine Frau, die den Unfallwagen hörte, schien etwas zu ahnen. Doch ihr Mann wollte zuerst schlafen... So ging er erst am nächsten Morgen zur Polizei und log das Blaue vom Himmel: Stefan sei mit seinem Fahrrad auf der Straße in sein Auto gefahren. Da er annahm, er habe lediglich eine kleine Beule an seinem Wagen, habe er nicht angehalten.
Mit anderen Worten: Es sei nichts passiert, und das wenige Bier, das er getrunken habe, hätte ihn keineswegs vom Fahren abhalten können. Er sei so gut wie nüchtern gewesen.

Stefans Eltern, die bei ihrem Jungen am Krankenbett saßen, erfuhren viel später nur Konfuses über diesen Unfall.
Der Junge muss wochenlang vor Schmerzen geschrieen haben. Vom Autofahrer aber hörten sie nie etwas. Weder dass er Stefan besuchte noch sich in irgendeiner Form nach Stefan erkundigte. Von einer Entschuldigung war schon gar keine Rede.
So kam der Junge als totaler Pflegefall aus der Klinik. Es folgten noch mehrere Operationen.

Für eine dieser Operationen hatten die Eltern viel Geld bezahlt, weil diese von einem Spezialisten ausgeführt wurde. Die Operation misslang, doch die Art, wie sich der Professor 'rausredete, verschlug den Eltern die Sprache. „Auch einem Professor kann einmal ein Fehler unterlaufen," hatte er sich geäußert... Stefan aber hatte dadurch ein zu kurzes Bein bekommen und unwahrscheinliche Probleme.

Nachdem der Junge sich halbwegs wieder auf seinen so unterschiedlichen und mit Spastik befallenen Beinen fortbewegen konnte, kam er in eine Behindertenwerkstatt. Dieser Werkstatt war eine Blindenschule angegliedert.

Nachdem ich all dies wusste, reifte in mir der Entschluss, Stefan nicht im Stich zu lassen.
So rief ich, nachdem ich mein Einverständnis zum Unterrichten gegeben hatte, den Direktor der Blindenschule an, um mir auch von ihm das O. K. zur Mitarbeit geben zu lassen.

Er war sofort damit einverstanden und versprach mir dazu, die Sache zu fördern. Die Sache hatte jedoch einen Haken, denn die Mitarbeiter oder jene Betreuer, die für Stefan in der Blindenwerkstatt zuständig waren, von denen einer sogar die Blindenschrift beherrschte, waren für meine Begriffe nicht bereit, mitzumachen. Sie blockierten sogar meine Arbeit, gingen so weit, dass sie mir verboten, Stefan zu unterrichten.

Meine Herren, nicht mit mir! So machte ich alleine weiter, und wir hatten Erfolg. Dies war Stefans Ausdauer zu verdanken.

Nun wusste ich, dass, wenn ein Mensch ausgiebig sein Gehirn trainiert, sich neue Zellen bilden. Nicht nur an mir stellte ich dies im Laufe der Jahre fest. Auch Stefan lieferte den Beweis. Er lernte immer besser, behielt alles länger. Da ich auf einer besseren Aussprache seinerseits bestand, war er gezwungen, sich auch deutlicher zu artikulieren. Zwar hatte eine Logopädin anfänglich versucht, ihm wieder das klare Sprechen beizubringen, war aber leider nicht erfolgreich gewesen.

Jetzt zu etwas Positivem. Stefan bekam kurz vor seinem Unfall einen Hund, einen Huski. Beide sah man nur noch zusammen.

Nachdem Stefan jedoch in der ersten Zeit nach seiner Krankenhausentlassung selbst wie ein Hund auf allen Vieren durch die Wohnung krabbelte und wegen seiner Blindheit den Hund nicht wahrnahm, riss dieser ständig vor ihm aus. Dies hatte zur Folge, dass seine bloße Annäherung zum Tier mit einem Knurren als Warnung quittiert wurde.

Wenn Peggy mir beim Unterricht zu Füßen lag und Stefan versuchte, ihn zu streicheln, misslang es ihm. Stets, wenn Stefan seine Hand zu Peggy ließ, kam seinerseits ein böses Knurren. So wollte ich dafür sorgen, dass sich auch dieses änderte. Wochenlang trichterte ich Stefan ein, klar und deutlich den Namen des Hundes zu üben. Immerhin musste er mir klar und auch für Peggy verständlich „Peggy, Peggy" nachsprechen.
Irgendwann, völlig unerwartet für seine Eltern und mich, geschah das Wunder: Stefan wurde von der Behinderten-Werkstatt nach Hause gebracht. Noch in der Haustür stehend, rief er laut und deutlich „Peggy". Peggy sauste zu ihm. Von dem Zeitpunkt an waren beide wieder ein Herz und eine Seele. Wir umrundeten Stefan und Peggy und weinten vor Freude. Noch viel wesentlicher war die Erkenntnis, dass in dem Jungen sein Geist wieder zum Leben erweckt worden war.

Mir war aufgefallen, dass Stefan eine Lebendigkeit an den Tag legte, die er vorher nicht hatte. Rannte er vorher immer gegen alles, was ihm im Wege stand, hob er jetzt oft den Kopf, horchte erst einmal und tastete verstärkt mit seinen Händen die Gegenstände ab. Er nahm seine Umgebung aufmerksamer wahr und hörte auch mir konzentrierter zu.

Meine Erklärung, dass sein Lernen ihn zum Vorteil verändert habe, nahm er mit Genugtuung auf. Oft erklärte er mir und seinen Eltern, wie ihn ein Schauer überlaufe, weil er so vieles jetzt begriff. Unterbrach er früher viel zu oft den Unterricht, weil die Konzentration nachließ, wollte er jetzt dessen Ende nicht akzeptieren. Freitags, samstags und sonntags kam ich nie unter zwei Stunden des absoluten Lernens von ihm los.

In den Ferien unterrichtete ich ihn oft zweimal am Tag. Mein Gott, alle bemerkten den Fortschritt. Stefan hatte auch die anfänglich immer wieder auftretende Müdigkeit auf ein Minimum reduziert.

Eines machte mir allerdings große Sorgen, dass er seine Mutter zu sehr beanspruchte. Ständig rief er nach ihr und wollte von ihr bedient werden. Dadurch, dass seine Mutter viel zu viel auf ihn fixiert war, stand diese Frau ständig unter Stress. Auch hier versuchte ich, ihn von der Notwendigkeit seiner Selbständigkeit zu überzeugen. Später war er es, der Mütterlein bat, uns während des Unterrichts nicht zu stören. „Mama, bitte 'rausgehen."

Wir waren mit dem Lernprogramm ungefähr in der Halbzeit, als eines Tages jemand anrief, der mich ans Telefon bat. Stefans Mutter übergab mir den Hörer, ohne mir mitzuteilen, wer dieser Jemand war.

Dieser fand es auch nicht für angebracht, sich vorzustellen, so dass ich nur wahrnahm, dass ich böse angegriffen wurde, weil ich mit meinem Unterricht nur meine Zeit vergeuden würde. Dieser Mann erklärte mir, dass er Stefan kenne und der Junge wegen seiner Hirnschädigung nie, aber auch wirklich niemals zum Auswendiglernen in der Lage sei.

Ein Treffen mit Stefan und mir lehnte er ab. „Wer Sie auch immer sind", so in etwa war meine Antwort, „meine Zeit ist mir zu kostbar, als dass ich sie mit einem so sinnlosen Gespräch vergeude," sprach es und legte den Hörer auf...

Hilfe, die Mutter verriet mir erst jetzt, dass dieser Mann ein anerkannter Neurologe ist, der Stefan schon seit Jahren als Patient hatte.
Ich staunte und das nicht schlecht. Warum sagte dieser Mensch mir das nicht sofort. Der Mann kann doch nicht mehr klar im Kopf sein, da er so über Stefan urteilte. Er hatte sich nie die Mühe gemacht, den Jungen auch nur zehn Kürzungen vorsagen zu lassen. Immerhin konnte Stefan inzwischen über 200 Kürzungen der Blindenschrift lesen, schreiben und auch ziemlich klar aussprechen.
Liebe Neurologen, liebe Erzieher, denkt Ihr bitte daran, dass das Gesetz des Kosmos die Liebe ist?

Stefans Eltern und ich hatten dieses Gesetz im Übermaß angewandt. Wir hatten dem Jungen viel Kraft und Vertrauen zur Bewältigung seines Schicksals gegeben.
Dass ich heute noch so urteile liegt daran, dass, nachdem Stefan die Kurzschrift mit Interpunktion und allem Pi-Pa-Po beherrschte, ich dieses dem Neurologen schriftlich mitteilte und ihn bat, ihm den Beweis dafür liefern zu dürfen.
Er lehnte es ab mit der Begründung, dass ein so stark geschädigtes Gehirn nicht zu solchen Leistungen fähig sei.
Ich kochte mal wieder vor Wut. Schon sein Antwortschreiben deutete darauf hin, dass ich an seinem Verstand zweifeln musste.

Begründung: Immer wenn ich einen Brief schreibe und niemanden zum Korrekturlesen habe, erwähne ich es im Briefkopf. Dazu teilte ich dem Neurologen mit, dass ich zurzeit niemanden zum Korrekturlesen habe, eventuelle Tippfehler möge er entschuldigen. Ich sei ja blind... Er antwortete: „Ihren Brief, den Sie von einer Blinden schreiben ließen ..." usw. So ließ ich die Verbindung mit diesem Mann sausen.

Stefan war jedoch König. Er konnte nach gut viereinhalb Jahren die Blindenschrift lesen. Ich wagte es jetzt, den Leiter der Blindenschule um ein Vorlesetreffen zu bitten. Wir machten einen Termin aus, und oh Wunder: Nachdem sich der Direktor fast eine Stunde Zeit genommen hatte, den Jungen anzuhören, hatten wir gesiegt. Freudestrahlend kam er auf mich zu, um zu gratulieren. Er meinte: „So etwas wie Sie brauchen wir hier. Bitte fangen Sie bei uns an." Nein, so einfach machte ich es ihm nicht. „Bitte, zuerst bekommt Stefan die Gratulation. Er hat Unmögliches geleistet. Dann sollte die Mutter folgen, denn sie wollte man erst gar nicht dabei haben." Nachdem ich allerdings protestiert hatte, durfte sie beim Vorlesen anwesend sein. Diese Mutter, die wirklich fast an diesem Schicksal zerbrochen wäre, wollte man ausschließen. Jetzt aber sollte ihr die größte Gebühr gezollt werden. Darauf bestand ich. Noch lange saßen wir zusammen. Endlich erfuhr der Herr Direktor, was und wie sich alles abgespielt hatte. „Na, Herr Direktor, haben wir umsonst gekämpft?"

Nein, es war nichts umsonst, Stefan! Auch wenn Du schon mit 33 Jahren diese herrliche Welt verlassen musstest! Trotz Deiner starken Behinderung hast Du Dich tapfer geschlagen, als wärst Du ein Glückskind der Nation. So gesehen warst Du es sogar. Du warst von Menschen umgeben, die Dich liebten, die an Dich glaubten und nie aufgaben.

Deshalb gabst auch Du nicht auf. Ich wünsche mir an dieser Stelle, dass man zumindest jetzt, beim Lesen oder Hören dieser Geschichte innehält, nachdenkt und es nachmacht Zeit, Liebe, Geduld für Mitmenschen aufzubringen, die unserer Mithilfe bedürfen.

Nichts auf dieser Welt geschieht umsonst, aber auch gar nichts. Die Liebe, die wir an andere weitergeben, bekommen wir in Massen zurück. Wie heißt es dort droben im Himmel? Gott lässt sich nichts schenken. Ich erlebe es. Es gilt auch für uns Menschen auf dieser Erde.

Was wurde aus Stefan nach unserem gemeinsamen Gespräch mit dem Direktor der Blindenschule?
Jahrelang blieben wir noch in Verbindung, meistens per Telefon. Sobald Stefan meine Stimme wahrnahm, sprudelte es aus ihm heraus, in dem er mir Kürzungen aufsagte, immer richtig oder fast richtig. Er war mittlerweile im Besitz einer Bibel in der er unentwegt las. Er verstand wohl, was er da las.
Als er gestorben war, legten ihm seine Eltern ein Buch auf den Bauch. Ich fand das in Ordnung. Auf seiner Beerdigung hatte ich das Gefühl, der halbe Himmel war anwesend.

Ich neige dazu, alles gerne etwas ins Positive zu heben. Der ganze Himmel war anwesend. Lassen wir es dabei.

„Lieber Gott, ich danke Dir, dass ich Stefan kennen lernen und ihn ein Stückchen auf seinem Lebensweg begleiten durfte."

Wenn ich groß bin, werde ich auch blind

Wer sagt denn so etwas? Es war Marion, 7 Jahre alt, und sie fügte hinzu: „Dann bin ich auch so schlau wie Du."

Doch nun zum eigentlichen Grund meiner Geschichte.
Auf dem Weg zu meinem Schüler Stefan sprach mich dieses Mädel an, die auf der anderen Straßenseite ging, mit den Worten: „Ich heiße Marion, und wie heißt Du?"
„Christine", entgegnete ich. Herrlich diese kleine Göre und pfiffig obendrein. „Christine, brauchst Du Hilfe?" „Aber sicher, immer. Komm 'rüber und gehe den Rest des Weges mit mir gemeinsam." Zum Thema „Hilfe" später mehr.

Marion, die mich oft gesehen hatte, wenn ich auf dem Weg zu Stefan war, beabsichtigte mit dieser Hilfe etwas.
„Du, Christine, ich weiß, dass Du Stefan die Blindenschrift beibringst und ich möchte, dass Du sie mir auch zeigst. Ich habe mich bei Stefans Eltern erkundigt über Dich und Dich deshalb heute abgepasst."
Obwohl ich in der Regel pünktlich bei Stefan sein wollte, setzten wir uns auf die Bordsteinkante. Marion durfte Einblick in die Welt der Punkte nehmen.
Ich erklärte ihr, dass jeder Punkt eine Bedeutung habe. „Mal ist es ein Buchstabe, mal eine Silbenkürzung, mal ein ganzes Wort. Steht ein Zahlenzeichen vor einem Punkt, zeigt es eine Zahl an."
Für Marion war dieser Unterricht am Wegesrand ein Ereignis. Bei unserer Verabschiedung vor Stefans Haus sagte sie mir strahlend: „Wenn ich groß bin, werde ich auch blind. Dann bin ich auch so schlau und weiß soviel wie Du."
„Marion, bitte!"

Ich nahm ihr liebes Gesichtchen in meine Hände, schaute sie an und sagte: „Du, Mädel, blind sein ist kein Beruf. Man muss zwar sehr viel lernen, auch in der Schule. Blind wird man entweder durch eine Krankheit oder, wie in meinem Fall, durch einen Unfall."

Marion wirkte ein wenig enttäuscht. Mit einer Blindenzeitschrift unterm Arm ging sie nach Hause.

„Sehen wir uns wieder?"

„Aber sicher."

Ich ging die Stufen hoch zum Haus, ohne Zeitung. Davon besaß ich ja zu Hause noch genügend. Um zu Stefan zu gelangen, war ich über eine Stunde mit Bahn und Bus unterwegs. Stets, wenn ich alleine unterwegs bin, stecke ich mir eine Zeitschrift ein.

Ich beziehe einige Zeitschriften in handlichem Format, die gut in einer etwas größeren Handtasche Platz finden. Zur Information sei erklärt, dass man Blindenzeitschriften nicht in Kiosken oder Zeitschriftenläden kaufen kann. Eigens dafür gibt es Blindendruckereien, ich verweise auf den Deutschen Blindenverband.

Die Zeitschriften bestellt man in der Regel im Jahresabonnement. Ganz billig sind sie nicht, obwohl der Staat sie subventioniert. Blindenschriftlektüre gibt es in reichlicher Auswahl.

So beziehe ich z.B. wissenschaftliche Ausgaben, die Zeitschrift „Geistig fit" und die in Arztpraxen ausliegende Zeitung „Leben und Gesundheit." Meine Lieblingslektüre ist „Geistig fit." Fast jeden morgen nach dem Frühstück wühle ich darin, um mein Gehirn auf Touren zu bekommen.

Wer das nicht glaubt, versucht es am besten selbst einmal. Mittels Zahlenkolonnen, die in der Zeitschrift abgedruckt sind, hat jeder die Möglichkeit, sein Gehirn auf Hochtouren zu jagen.

Ich schreibe bewusst „jagen". In den Zahlenkolonnen sind mehrere Blöcke von Zahlen versteckt, die man herausfinden muss. Jedes Mal, wenn ich etwa eine Viertelstunde in diesen Zahlen gewühlt habe, (ich lese ja mit meinen Fingern, also kann ich von „Wühlen" schreiben), tut sich -sinnbildlich gesehen- in meinem Kopf eine Schranke auf. Danach kann ich noch einmal so gut denken. Wem dies unglaublich erscheint, probiere es selbst einmal aus.

Wie schon erwähnt, gibt es eine sehr interessante Zeitschrift, die oft in Arztpraxen ausliegt: „Leben und Gesundheit."

Kurios ist, was ich jetzt zu berichten habe. Ich finde es so wichtig, dass ich es spontan einfüge:

Vor 25 Jahren bekam ich einen starken Husten. Mein Hausarzt behandelte mich sofort mit Cortison.

Nicht ahnend, dass ich dadurch einen jahrzehntelangen Kampf mit diesem Mittel hatte, nahm ich diese Behandlung für gegeben hin.

Nie, aber auch nie, hustete ich wie normale hustenkranke Menschen ab, ganz im Gegenteil. Im Laufe der Zeit bekam ich böse Atemnotanfälle.

Das große Rätselraten begann. Mal hieß es, ich habe es an den Bronchien, mal ein dickes fettes Asthma. Während dieser 25 Jahre landete ich über zehn Mal in verschiedenen Kliniken.

„Cortison, das müssen Sie jetzt ein Leben lang nehmen," hieß es, „morgens, mittags und abends, in form von Tabletten, zusätzlich diverse Pümpchen."

Meine Haare wurden strohig, die Haut ekelig. Meine Fuß- und Fingernägel brauchte ich mir nur noch einmal im Jahr zu schneiden.

Nach 25 Jahren hatte ich die Nase wirklich voll.

Dies teilte ich, mal wieder in der Notaufnahme gelandet, dem Notarzt mit. „Gibt es keine Alternative zu Cortison?", fragte ich.

„Nein, wie schon erwähnt, müssen Sie es ein Leben lang einnehmen." Ich schwor mir: Dies war die letzte Spritze. Die erste Nacht schlief ich gut, doch am nächsten Abend trat wieder die Atemnot ein.

Kein Cortison! Luftnot und Panik traten ein.

Lieber Gott, mach' schnell mit mir.

Zu oft hatte mir der Arzt versichert, wenn Sie mit der Einnahme von Cortison aufhören, werden sie unweigerlich ersticken. Jährlich sterben tausende Menschen daran. Trotzdem, ich rief keinen Notdienst. Um mich abzulenken, nahm ich eine Zeitschrift in die Hand. Was war das? Ich hatte meinen Lesefinger mitten in einem Bericht und las, dass unsere „Altvorderen", wer auch immer das sein mag, bei Asthmaanfällen stets ein bis zwei Teelöffel Honig eingenommen haben.

Die Krämpfe lösen sich dadurch. Es kann sogar zu einer Heilung führen. Das glaube ich nicht, so simpel, zu simpel. Trotzdem probierte ich es aus.

Ich war fassungslos, als ich tatsächlich nach zwei Löffeln Honig, die ich langsam im Munde zergehen ließ, hustete. Ja, ich hustete zum ersten Mal nach 25 Jahren ab. Ich konnte es noch nicht glauben. So schaute ich mir jetzt den Titel der Zeitschrift an, natürlich mit dem Lesefinger. Es war „Leben und Gesundheit." Am anderen Morgen ging ich zu meinem Lungenfacharzt, dem ich den Notdienstbehandlungsschein abgeben musste.

„Das Märchen vom Honig glauben Sie doch wohl selber nicht", meinte er. Er hielt mir eine Wochenzeitschrift unter die Nase und sagte, schon in einem bösen Ton. „Hier steht, dass wir die Finger von Naturpflanzen lassen sollen. Viele von ihnen entpuppen sich als Gifte. Sie sind doch eine intelligente Frau, solchen Quatsch glauben Sie?"
„Doktor, gerade weil ich nachdenke und den Beweis mit dem Honig geliefert bekam, bleibe ich bei dieser Art von Behandlung." Er hörte nicht mehr zu, drückte mir ein Rezept für ein Cortisonpümpchen in die Hand und sagte: „Sie werden noch auf allen Vieren gekrochen kommen." Zu ihm natürlich...

Vorsichtshalber hatte ich das Pümpchen immer griffbereit in meiner Handtasche, aber auch den Honig.
Nun wartet der Arzt wohl nicht mehr, dass ich auf allen Vieren in seine Praxis gekrochen komme...
Ich glaubte nun, mein durch Erfahrung ermitteltes Wissen, meiner Krankenkasse mitteilen zu müssen. So schilderte ich alles, damit diese Erfahrung in einer kasseneigenen Zeitschrift publiziert werden sollte. In einem Rückruf erklärte mir ein Angestellter jener Krankenkasse, dass diese Publikation in ihrer eigenen Zeitschrift niemals erfolgen würde, weil die Pharmazie das Sagen hat...

Im Klartext: Geld regiert die Welt und unsere Gesundheit. Aber, ließ mich jener Mann wissen, geben Sie diese wertvolle Erfahrung an möglichst viele Menschen weiter. Mehr kann ich leider nicht für Sie tun.
Mir genügte es. Seitdem weise ich viele Menschen auf diesen Nutzen des Honigs hin.

Wenn ich anfänglich glaubte, ein jeder wäre über diese Honignachricht erfreut, irrte ich mal wieder.
Ich erwähnte bereits, dass ich in einem Wohnkomplex wohne, in dem auch viele ältere Menschen wohnen. Höre ich im Hausaufzug jemanden elendig husten, berichte ich vom Honig. Noch nach Luft schnappend bekomme ich zur Antwort: „Nein, ich bleibe beim Cortison."- Zum eigenen Glück sollte man niemanden zwingen.
Meine Haare sind seitdem wieder von gesundem Aussehen. Meine Finger- und Fußnägel kann ich wieder wöchentlich schneiden. Auch meine Haut hat sich gebessert.

Warum sich diese Ungereimtheiten in unserem Land abspielen, was zumindest Fehlinformationen angeht, weiß ich längst. Das soll mich aber nicht davon abhalten, Fernsehpublikationen und Radiosendungen ernst zu nehmen. Auch hier heißt es für mich: Prüfe und das Gute behalte.

Bei der Flut von Sendungen ist es trotzdem möglich, geeignete Informationen herauszupicken. Ich habe einen großen Bekanntenkreis, der für einen regen Informationsaustausch sorgt. Blinde Menschen brauchen nicht abseits zu stehen, wenn es um Allgemeinwissen geht.

Heute, am 7. Oktober 2004, hörte ich im Radio folgendes, ich zitiere:
„Es gibt seit einiger Zeit verstärkte Anfragen im Bezug auf Hörcassetten, wörtlich, dass wir beim Abhören weitaus mehr als beim Lesen, den Ablauf einer Geschichte im Kopf als Bild wahrnehmen."
Na bitte, was behaupte ich schon die ganze Zeit?
Ich habe phantastisch gesehen, die Vorstellungskraft schwindet nicht so leicht, wenn überhaupt.

Ich werde auch nicht müde, gegen die Gleichgültigkeit vieler meiner Mitmenschen anzukämpfen. So versuche ich immer wieder, mit Fingerspitzengefühl etwas zu verändern.

Da spricht mich jemand an, ob mein Leben nicht langweilig sei? Erstaunt frage ich zurück, warum?

Weil ich doch sicher den ganzen Tag auf der Couch sitzend verbringen würde. Das wusste man von einer Blinden, die dazu auch noch gelähmt war.

Derartige Fragen verschlagen mir manchmal den Atem.

Getreu meinem Motto: Es gibt keine dummen Fragen, nur dumme Antworten, versuche ich vernünftig zu entgegnen, siehe mein Leben, in Büchern geschildert.

Viele haben meine Bücher voller Neugierde gelesen, hinterher war ich in ihren Augen völlig normal. Unnormal und entmutigend waren die nachfolgenden Ereignisse, die in unterschiedlichen Fernsehsendungen zu sehen waren:

Lange wurde über einen Blinden diskutiert, der in eigener Regie alleine ein Haus baute.

Gut, das mag noch angehen. Sich anschließend bei Kundgebungen hinzustellen, um Arbeitslosen in einem Vortrag mitzuteilen, dass dies doch jeder könne, wenn er nur wolle, ist gemein, ohne Geld und ohne Arbeit, hundsgemein. Wie kann man da noch ein Haus bauen? Eine anerkannte öffentliche Krankenkasse hatte ihn zu diesem Vortrag gebeten.

Es gibt eine Blinde, die ein bewundernswertes Projekt aufgebaut hat und in Publikationen mitteilt, dass Blindsein keine Behinderung sei. Das mag für sie gelten. Sie sollte aber fairerweise hinzufügen, dass sie ihre Leute hat, die ihr so gut wie alles aus den Händen nehmen.

Als dritte Absonderlichkeit fragte mich eine Dame: „Wie kann das angehen, dass blinde Menschen so tüchtig sind, dass man als Sehender Komplexe bekommt?"

In ihrer Gemeinde wäre eine blinde Referentin, die mit vier kleinen Kindern, wovon das Jüngste ein Jahr alt wäre, sehr aktiv in der Gemeinde tätig sei.

Auf die Frage der Dame, wie sie als Blinde alles bewältige und dazu noch den Haushalt schaffe, meinte die Referentin: „Wenn ich muss, kann ich das auch."

Meine lakonische Antwort an die Dame: „Bei vier kleinen Kindern bleibe ich zu Hause, ob blind oder sehend."

Warum aber müssen solche Berichte sein? Das hat doch nur zur Folge, dass dadurch Fragen aufkommen: „Können Sie das auch...?"

Sicher, wenn es sein muss, kann ich sogar ein Auto fahren. Ich verkneife mir ein Schmunzeln, erinnere mich an meine erste Begegnung mit Marion. Auch ich erschien ihr als Alleskönnerin. Zumindest war ich zu diesem Zeitpunkt nicht mehr so hilflos, wie zu Beginn meiner Erblindung. Für Marion war das ausschlaggebend.

Auch nachdem der Leser erfährt, dass ein drittes Buch, dieses hier, erschienen ist, kann und wird er mir entgegnen: „Bitte, Du tanzt ja auch mit Deiner Schreiberei als Blinde aus der Reihe." Wenn ich aber ehrlich mitteile, dass ich für die ersten beiden Bücher viele Jahre gebraucht habe, um sie fehlerfrei in Druck geben zu können, grenzt dieses nicht an Überfliegerei. Umständlicher wie ich schreibt ein Mensch mit intakten Augen wohl kein Buch.

54

Wie schreibe ich als Blinde auf einer elektrischen Schreibmaschine?
Eine blindengerecht ausgerüstete Schreibmaschine gibt es für viel Geld zu kaufen. Da ich nicht so viel Geld zur Verfügung habe, Not aber erfinderisch macht, habe ich selbst eine normale Schreibmaschine blindengerecht ausgerüstet. Die Buchstaben a, f, j, ö, z, n und die Zahlen 2, 6 und 9 habe ich mit winzigen Hirsekörnern beklebt, und im Lehrgang für Späterblindete das Zehnfingersystem erlernt.

Zum Lehrgang für Späterblindete: Etwas Besseres konnte mir in meiner Dunkelheit nicht passieren. Unser Staat bietet jedem Späterblindeten die Möglichkeit, die Blindenschrift, das Schreiben auf der Schreibmaschine und lebenspraktische Fertigkeiten zu erlernen.
Viele haben diese Chance genutzt, andere nicht, die das Nachsehen haben. Die manuelle Schreibmaschine hat der Ingenieur und Blindenlehrer Oskar Picht für seinen blinden Freund entwickelt. Die Sehenden haben sie sich später unter den Nagel gerissen.

Die Zeit, meine Lebenszeit, wird immer knapper.-
So hatte ich wieder unverschämtes Glück: Meine Freundin versorgte mich mit leckerem und gesundem Essen, damit ich Zeit zum Schreiben hatte. Ihr Mann schrieb mir mein Manuskript ins Reine. Beide wussten von meinem Plan, von meinem Vermächtnis. Wie es sich für Engel geziemt, halfen sie mir bei der Verwirklichung meines Plans.

Wieder bleibe ich meinem Grundsatz treu, ohne Namensnennung und ohne Ortsangabe. Wir lernten uns durch einen Zufall kennen. Zufall? Den Zufall gibt es nicht: „Es fällt uns zu. "

Diese Menschen mussten zu diesem Zeitpunkt und an diesem Ort in meinem Leben auftauchen. Davon, dass der Himmel mitmischt, braucht mich niemand mehr zu überzeugen.

Die Fäden werden da oben gezogen, in der geistigen Welt.

Wir alle, wirklich alle, ob schwarz oder weiß, braun oder rot, arm oder reich, jung oder alt, alle sind wir Geschöpfe eines Gottes. Auch hierin möchte ich mich wiederholen, wir sind alle Boten Gottes, welche die Aufgaben eines Boten erledigen.

So geben wir eine Botschaft, bewusst oder unbewusst an andere weiter. Die wichtigste Botschaft ist immer: „Nimm Deinen Mitmenschen, behindert oder nicht behindert, ernst."

Heute habe ich gut reden. Bis ich allerdings so stabil auf meiner Lebensbahn Fuß gefasst hatte, vergingen Jahre, ziemlich harte Jahre.

Wie war es vor 50 Jahren und wie ist es heute, nachdem Funk und Fernsehen zur Genüge über blinde Menschen berichten?

Leider hat sich in dieser Hinsicht nicht viel verändert. Immer noch macht man allzu gern einen weiten Bogen um blinde Menschen. Auch hier muss ich allerdings wieder ehrlich berichten, dass so mancher Blinde, bedingt durch eine Augenkrankheit, entstellte Augen hat. Den Sehenden stört es.

Mein Tipp: Eine hübsche Brille auf der Nase kann ein Gesicht ungemein verschönern. Der Blinde oder die Blinde gehören ins Straßenbild wie alle Menschen, die ein Handikap haben.

Wir sind nicht umsonst auf dieser Erde, sind füreinander da. Nur die verzerrten Berichterstattungen müssen endlich aufhören, der Wahn nach Perfektion.

Mir gefielen, als ich noch gucken konnte, gerade Gesichter mit Ecken und Kanten. Die sogenannten Schönheiten sagten mir oft nichts. „In jedem Gesicht", so hörte ich neulich, „steht des Menschen Geschicht`, sein Hassen und Lieben deutlich geschrieben." Deshalb können wir alle dazu beitragen, dieses Gesicht verschönern zu helfen, indem wir behinderte Menschen nicht übersehen.
Ich wünsche mir nichts sehnlicher als realistische Sendungen im Rundfunk oder Fernsehen oder Berichterstattungen in Zeitungen.

Am Anfang meiner Erblindung lasen mir meine Kinder gerne Berichte über Blinde vor. Sie wollten mir, so erklärten sie mir hinterher, Mut machen. „Siehst Du, Mama, irgendwann kannst Du das auch. Irgendwann …"
Nein, Mut machten sie mir keineswegs, im Gegenteil. Ich zog mich immer mehr zurück in mein Schneckenhaus. Auch Fernsehsendungen mit perfekten blinden Darstellern warfen mich eher zurück.
Gut erinnere ich mich, dass in einer Sendung, und dies noch in der Hauptsendezeit, „Wer nicht gucken kann, muss denken", eine blinde Darstellerin als Allroundweib sich präsentierte. Sie machte alles mit einer Leichtigkeit, dass ich vor Neid hätte erblassen müssen.
Ich erblasste zwar nicht, erfuhr jedoch hinterher, was es mit der Blinden auf sich hatte.

Dem Kamerateam hatte sie verschwiegen, dass sie mit Brille noch ganz gut gucken konnte. In der Sendung erschien sie ohne Brille, sah aber trotzdem immer noch genug.

Hinterher hieß es von Seiten des Teams: Für uns war sie bewundernswert. Wir wussten nichts anderes, als dass sie blind war. Demzufolge brachten wir sie groß heraus.

Dann ist jede Aktivität eines Blinden für den Sehenden ein Wunder... Als ein Wunder empfinde ich es, wenn mein Gedächtnis einwandfrei funktioniert und wenn es mich nach einer schlaflosen Nacht nicht im Stich lässt.

Schlaflose Nächte habe ich, weil ich ständig im Dunklen lebe. Deshalb versuche ich auch bei Schlafstörungen, im Tagesrhythmus zu bleiben, d.h., auf Grund der tastbaren Zeiger auf meinen Uhren weiß ich stets, wie spät es ist. Nicht den Tag zur Nacht machen ist nach einer schlaflosen Nacht nicht immer einfach.

An solchen Tagen ist es gut, die Seele einfach mal baumeln zu lassen oder mit Freunden einen Skat zu dreschen.

Innerhalb der Familie mit blinden Menschen braucht keine Langeweile zu entstehen. Es gibt ein großes Angebot an Spielen, so dass für Unterhaltung gesorgt ist. Die Spielkarten sind gezinkt, also gekennzeichnet. Der Blinde fühlt die tastbare Markierung. Der Sehende hat das Nachsehen, denn von außen kann man die Markierung nicht sehen.

Skat- und Rommé-Karten sowie Würfelspiele sind erhältlich, ebenso eine Riesenauswahl an Zeitschriften und Punktschriftbüchern, darunter diverse Schulbücher, Romane, Sachbücher, der Duden, Lexika, Fremdwörterbücher und vieles andere an Literatur. So habe ich mir das Wörterbuch Englisch/Deutsch in Blindenkurzschrift zugelegt. Es macht Spaß, in den Punkten zu wühlen. Andererseits ist es gar nicht so einfach, im vorgerückten Alter noch eine Fremdsprache zu erlernen. Doch ich will und muss: Es ist eine Überlebensstrategie. Ich schwor mir eins: Nie wieder abhängig zu werden!

Es ist natürlich illusorisch, total unabhängig als Blinder zu sein. Abhängigkeit auf ein Minimum zu reduzieren, das sind für mich himmlische Momente.
So sitze ich jetzt an meiner elektrischen Schreibmaschine. Anfänglich brauchte ich nur eben mal daran zu tippen, und schon sauste sie mir davon. Was ich zunächst auf das Blatt tippte, war chaotisch. Wie war das noch mal: Üben, üben, üben! Ich machte es. Jetzt beherrscht mich nicht mehr die Maschine, sondern ich sie. Außerdem besitze ich eine Schreibmaschine für Punktschrift „Perkins". Auch sie möchte ich nicht mehr missen, so auch ein Vorlesegerät, mit dessen Hilfe ich gedruckte Zeilen, Bücher, Briefe usw. lesen kann. Dazu besitze ich eine einzeilige Schreibtafel mit Griffel, in der ein Dymoband liegt, welches ich mit der Hand in Spiegelpunktschrift beschriften kann. Alle meine Cassetten und CDs habe ich mit Dymoband gekennzeichnet. Das wäre es auch schon, was ich an Blindenhilfsmitteln besitze; dazu den weißen Stock natürlich. Innerhalb wie auch außerhalb meiner Wohnung versuche ich, mit wenigen Hilfsmitteln auszukommen. Sind sie einmal defekt, stehe ich hilflos da.

Als weitere zusätzliche Hilfsangebote gibt es Farb-Erkennungsgeräte, mit deren Hilfe, der Name deutet darauf hin, man die unterschiedlichen Farben erkennen kann, wie Kleidung usw. Für den Weg nach draußen gibt es noch den Bodyguard...

Diesem Kapitel möchte ich noch die neueste Erkenntnis aus der Hirnforschung anfügen, welche ich als besonders wichtig erachte:

„Neu ist, dass sich mit Hilfe der Hirnbilder nun jederzeit nachprüfbar und objektiv beweisen lässt, was bisher nur geahnt oder aufgrund theoretischer Überlegungen vermutet werden konnte, dass Nervenzellverschaltungen in unserem Gehirn nicht durch genetische Programme wie eine Maschine zusammengebaut werden, sondern die Art und Weise, wie wir unser Gehirn benutzen entscheidend dafür ist, wie sich die Nervenzellen miteinander verbinden.

Unsere Gefühle sind kein lästiges Überbleibsel aus unserer Urgeschichte, sondern wichtige Signale und Instrumente für unsere eigene Lebensbewältigung.

Ohne sie können wir keine neuen Erfahrungen machen und uns nicht verändern. Alles was wir können, was wir wissen, was wir glauben und was wir für richtig halten, haben wir von anderen Menschen übernommen und ihnen zu verdanken.

Erst dadurch, dass andere Menschen uns gezeigt haben, wie etwas geht, konnten die dafür erforderlichen Nervenzellverschaltungen in unserem Gehirn herausgebildet werden. Lernen und innere Kraft gewinnen können wir nur, indem wir immer wieder vor Probleme gestellt werden, die wir bewältigen müssen.

Anmerkung der Autorin: „Ich finde, das ist eine gute Einrichtung unseres Schöpfers, denn es zielt darauf hin, dass wir eine Mission hier auf Erden haben."

Lernen geht in Gemeinsamkeit mit anderen besser als alleine. Alles das haben wir schon lange geahnt und vermutet. Den Wenigsten ist es gelungen, auch so zu leben.

Jetzt zwingen uns die Erkenntnisse der modernen Hirnforschung, darüber nachzudenken und uns zu entscheiden, was wir werden wollen. Diese neuesten Erkenntnisse aus der Hirnforschung gehen mit der Schöpfungsgeschichte konform. "

Der ganze Text zum Thema Hirnforschung wurde aus der Zeitschrift „Aktion Mensch" vom 10. Oktober 2004 entnommen. Diese neue Botschaft von der lebenslangen Plastizität des menschlichen Gehirns zwingt uns mal wieder zum Umdenken.

Der Text stammt von Prof. Dr. Gerald Hüter. Er ist Professor für Neurobiologie an der Psychiatrischen Klinik der Universität Göttingen. So müssen auch die Hirnforscher eingestehen, dass die Art und Weise, wie der Mensch sein Gehirn benutzt, offenbar einen entscheidenden Einfluss auf dessen strukturelle Ausformung hat.
Use it or lose it, benutze es oder verliere es.

Was bisher nur für Muskeln gegolten hat, trifft auch für unser Gehirn zu. Wenn Muskeln zu wenig beansprucht werden, verkümmern sie.

Hurra! Jetzt liefert die neue Erkenntnis das, worauf ich in diesem Buch verstärkt hingewiesen habe. Der Mensch sollte ein Leben lang lernen, natürlich nicht verbissen, sondern mit Freude. Use it or lose it.
Die geistige Welt hilft uns dabei. Oft staunen wir über das Gelingen einer Sache und fragen, wie das geschehen konnte. Von guten Mächten oder Kräften, auch die Kraft der Liebe genannt, oder die Gotteskraft, sind wir umgeben.

Ein wacher Geist oder ein gläubiger Mensch, aber auch ein vertrauensvolles Kind bemerken es und werden sie nie leugnen. Gottes Kraft ist überall und allgegenwärtig, für Gläubige und Ungläubige. Ich bezeuge es. Amen, so sei es!

Ich wollte auch hier wieder mitteilen, von welch´ wunderbaren Menschen ich umgeben bin. So wünsche ich auch dieses Mal, dass man meinen Tatsachenbericht aufmerksam liest und die Feinheiten heraushört.

Zwischen den Zeilen ließ ich durchblicken, dass, würden wir den Nächsten genau so wichtig nehmen wie uns selbst, wir den Himmel auf Erden hätten...

Das nachfolgende Gedicht bekam ich im Alter von 17 Jahren geschenkt:

*Willst Du glücklich sein im Leben
trage bei zu anderer Glück.
Denn die Freud', die Du gegeben
kehrt ins eigene Herz zurück.*

Na, mit „17" verstand ich unter Glück: Meine Prüfung gut abzuschließen, hübsche Kleider und vielleicht eine dicke Tafel Schokolade zu genießen. Heute, weder süß noch verbittert, aber voll das Leben begreifend:

Viel, viel Glück ist in mein Herz zurückgekehrt.

Wie denkt ein Blinder?

Inzwischen weiß ich es...
Mancher Sehende scheint es jedoch noch nicht zu wissen,
woher auch?

Zur Vorgeschichte:
Vor kurzem sprach mich ein älterer Herr auf der Straße an,
um einige Fragen zum Blindsein an mich zu stellen.
Das ist keineswegs außergewöhnlich. Als der Herr mir am
Ende des Gespräches jedoch sagte: „Sie denken ja genau wie
Sehende", blieb mir kurz der Atem stehen. Gott sei Dank
kam mir meine erste Begegnung mit Blinden wieder in den
Sinn. Ich sagte ihm, dass ich nicht mit meinen Augen,
sondern mit meinem Gehirn denke... Gut das zwei
Menschen, die mich ein wenig besser kennen, dieses
Gespräch mitgehört haben.

Einige Tage später drückte ich diesem Herrn mein Gedicht
„Lieber Sehender" in die Hand, mit der Bitte, irgendwann
noch offenstehende Fragen ruhig an mich zu stellen.
Bei unserem nächsten Treffen meinte er: „In diesem
Gedicht ist soviel an Informationen, dass Sie es unbedingt
weitergeben müssen. All dies habe ich nicht gewusst."

Wie war es bei mir, damals, als ich 17 Jahre alt war? In einer großen Firma machte ich eine Lehre zur Chemie-Laborantin. Zu unserem Aufgabengebiet als Auszubildende gehörte nicht nur, täglich beim Laborleiter ein Lernpensum vorzuweisen, sondern hin und wieder auch Botengänge zu erledigen, für die Reinhaltung der Labortische zu sorgen und ab und zu zwei Blinde vom Werkstor abzuholen, um sie zur gegenüberliegenden Nagelfabrik zu begleiten. Dies war ein junger Mann, von Geburt an blind, und ein Kriegsblinder, der einen Blindenführhund hatte.

Die beiden Männer waren eher wortkarg, so dass wir Mädels eines Tages während der Mittagspause sie an ihrem Arbeitsplatz aufsuchten. Wir wollten mehr über Blinde erfahren. Wortkarg blieben die Männer auch jetzt. Beide waren sehr flink bei ihrer Arbeit.
Sie saßen an einem langen Arbeitstisch. Mittels einer Waage wurde jeweils ein Kilo Nägel abgewogen. Wir Mädels waren zu scheu, um detaillierte Fragen an sie zu richten. Ich schloss meine Augen, sah nichts und dachte, „Nichtsehen muss ja unweigerlich zum Denkstillstand führen." Ich hatte jetzt keinerlei optische Wahrnehmungen.

Es geschah aus Unwissenheit, dass ich so dachte. Heute weiß ich zumindest was dieses Thema angeht, mehr, sehr viel mehr. Nur, dieses Erlebnis war vor 50 Jahren, und heute...?

Über Funk, Fernsehen und andere Medien wird soviel über blinde Menschen berichtet, leider oft sehr unrealistisch. Dies war auch der Grund, warum ich mich wieder einmal an meine Schreibmaschine setzte, um realistische Informationen zu verbreiten.

Von vielen Wegbegleitern in meinem Leben habe ich gelernt, einer meiner wichtigsten ist mein Sohn Michael.

Im Alter von zehn bis zwölf Jahren war er mein kritischer Beobachter. Auf ganz natürliche Art meinte er eines Tages: „Du Mutti, ich werde Dir jetzt für Dich „unsichtbar" folgen. Wenn wir zurückkommen, werde ich Dir alles aus neutraler Sicht berichten..." Wir kamen zurück, und er berichtete ziemlich offen. Danke, mein Sohn, ich bin durchaus lernfähig.

„Also, Mama, die Leute quetschen sich schon förmlich an die Hauswand, wenn Du vorbeieilst. Dies ist das eine. Im Laden schaust Du einem Mitkunden direkt in seine Augen, hältst ihm etwas unter die Nase und fragst, habe ich hier den oder jenen Käse?

Und an der Kasse? Herrlich, Du gibst der Kassiererin abgezähltes Geld auf Heller und Pfennig genau, aber anstatt es ihr in die Hand zu legen, fällt es daneben, und die Kassiererin wundert sich über Dein Benehmen. Lass die Leute doch nicht in Unwissenheit, sondern sage lieb, wie es Deine Art ist: „Ich bin blind." Von mir aus sage auch „ich kann nicht gucken", denn das sagst Du ja meistens. Ich weiß auch, warum. Das Wort „blind" scheust Du in den Mund zu nehmen. Auch da verstehe ich Dich. Viel zu oft, ich war Zeuge, behandelte man Dich bei dem Wort blind wie ein kleines Dummchen. Nicht nur Dich."- Wir erfuhren von dieser Unsitte auch von anderen Blinden.

Sohnemann, ich mache es seitdem. Beide, der Sehende und ich profitieren davon. Wie wenig so manche Leute über einen mobilen Blinden wissen, erfuhr ich am eigenen Leib. Als ich einmal auf einer Fußgängerinsel bei rot stehen blieb, sprach mich jemand an und meinte: „Ich bewundere Euch Blinde, dass Ihr nach Verdacht geht."

Das durfte nicht wahr sein! „Darf ich meine Hand auf Ihre Schulter legen, damit ich auf der anderen Straßenseite ein paar Worte mit Ihnen wechseln kann?", fragte ich ihn. „Aber ja." Drüben angekommen klärte ich diesen Mann auf. Von einem Mobilitätstraining hatte er noch nie etwas gehört und dass man nach Schall gehen kann, schon gar nicht.

Also, steht die Ampel auf rot, höre ich den Autolärm sowieso an mir vorübersausen. Da braucht mir erst keiner zu sagen, dass rot ist.

Grün für Fußgänger ist, wenn rechts und links die Autos vorbeifahren. Das ist mein schützender Verkehr.

Bis heute, gut 25 Jahre lang und sehr oft allein unterwegs, hat mich noch kein Auto erwischt. Sollte einst der Tag kommen, dass ich bedingt durch mein Alter oder schlechtes Hören, nicht mehr die Konzentration habe, die heute im Straßenverkehr nötig ist, bleibe ich selbstverständlich von der Straße. Jetzt, älter geworden, stehen mir treue Begleiter auf vielen meiner Wege zur Verfügung. Dies ist natürlich ein Idealfall für den ich sehr dankbar bin.

Die schönsten Erlebnisse habe ich jedoch im Alleingang. Dann nimmt die Menschheit regen Anteil an meinem Leben. Es stört mich nicht mehr, im Gegenteil: So wie ich mich in der Öffentlichkeit verhalte, wird es auf andere Blinde übertragen. So vermeide ich tunlichst, fremde Hilfe abzulehnen, schon gar nicht, wie es auch schon passiert ist, in schroffer Weise. Lehne ich ab, könnte es den nächsten Blinden treffen, der wirklich Hilfe braucht.

So versuche ich beiden, den anderen Blinden sowie den Sehenden, gerecht zu werden. Mag es manchen Blinden nerven, wenn er Hilfe angeboten bekommt, sie jedoch schroff abzulehnen: Oh Leute, lasst das bitte! Es zeugt nicht nur von Dummheit, sondern auch von schlechter Erziehung.

Wer als Nichtsehender noch nicht begriffen hat, dass der Sehende uns Blinden weitaus überlegen ist, und dass er uns nur ein Bein zu stellen braucht, sollte nicht in die Öffentlichkeit gehen.

Noch ganz andere Dinge sind passiert. Wer als Blinder vergisst, dass er nicht sehen kann, muss seine eigenen Erfahrungen machen, auch wenn sie schmerzen.

Ich sage schon mal gerne flapsig, wenn irgendeine Situation eintritt, die mir nicht angenehm ist, „da durfte ich nicht blind werden.“

Blind sein heißt auch Verzicht. Doch das Wort „unmöglich“ musste ich aus meinem Vokabular streichen. Wohl steht darin „Ich will!“ wenn es darum geht, weiter zu machen.

So will ich meinen Kindern nicht zur Last fallen. Mit Training, neuerdings mit dem Erlernen einer Fremdsprache, versuche ich, einen geistigen Stillstand aufzuhalten bzw. es gar nicht erst dazu kommen zu lassen.

Ich gehöre noch zu der Kriegsgeneration, die z.B. in der Volksschule zwar neun Klassen absolvierte, dort aber keinen Englischunterricht hatte. In meinem Beruf als Chemie-Laborantin brauchte ich es auch nicht. Jetzt habe ich Zeit, zwar nicht im Überfluss, jedoch zum Lernen. Zufällig hörte ich im Radio von der Neugründung eines Vereins. 60-Jährige sind hier für die über 60-Jährigen präsent. Hurra, ich bin über...

In dieser Sendung wurde die Telefonnummer des Vereins angegeben. Ich rief umgehend an. Noch am Telefon wurde ich Mitglied und mein Anliegen akzeptiert.

In diesem Verein dürfte bestimmt jemand sein, der die englische Sprache beherrscht und sie an andere weitergeben möchte. Eine Stunde später erfolgte der Gegenruf: „My name is ...“

Schon war ein lebhaftes Gespräch im Gang, natürlich nicht in Englisch, sondern in perfektem Deutsch.
„Können wir nicht per Telefon lernen?", war meine Frage.
Ohne lange abzuwarten, dass jetzt ein „nein" erfolgt, erklärte ich der Dame, wie ich es mit meinen Schülern jahrelang gehandhabt hatte. Ich freute mich, dass sie sich mit meinem Vorschlag einverstanden erklärte.
Sie ist meine Englischlehrerin und lehrt geduldig. Ich spreche die Texte auf Cassette. Wenn ich Zeit habe, schreibe ich sie in Brailleschrift nieder.- Drei Jahre sind seitdem vergangen. Mehrere Bände sind inzwischen mit Gedichten, Liedern, Geschichten und Gebeten in englischer Sprache gefüllt.
Wenn ich seit drei Jahren nicht mehr über enorm viel Zeit verfüge, bin ich keineswegs traurig, ganz im Gegenteil.
Meine Freude über dieses gelungene Werk des Lernens endet mal wieder in einer einzigen Hymne:
„Thanks, my Lady..."

Bis vor drei Jahren glaubte ich, über große Geduld zu verfügen. Meine Englischlehrerin übertrifft mich darin um ein Vielfaches.
In diesem Fall sind auch Aussprüche wie: „Das Leben ist eines der schönsten..." zu verstehen, oder...?

Die Woche des Sehens

Ich wünsche mir nichts sehnlicher als eine Wandlung der Gesinnung. Es sieht so aus, als ob es geschehe. Was ich damit ausdrücken möchte, zeigen die nachfolgenden Zeilen. Seit einigen Jahren findet am 6. Juni der „Tag der Sehbehinderten" in der Bundesrepublik statt. Mit dieser Aktion macht der Deutsche Blindenverband verstärkt auf die Gruppe der Sehbehinderten aufmerksam. Menschen mit eingeschränktem Sehvermögen fühlen sich oft unverstanden. Warum?

Bei einem Vollblinden heißt die Devise: „Nichts sehen, immer und ewig." Bei einem Sehbehinderten kann die Art des Nochsehens recht unterschiedlich sein. Da gibt es Menschen, die den sogenannten Röhrenblick haben. Sie sehen alles wie durch eine Röhre, dann wieder jene, die alles verschwommen sehen. Andere drehen oder richten ihren Kopf gezielt auf einen Gegenstand, um ihn besser erkennen zu können.

Die Art der Sehbehinderung kann recht unterschiedlich sein. Hier gibt der Facharzt die erwünschte Auskunft. Eines aber haben die Sehbehinderten gemeinsam: Von einem intakten Sehen kann hier nicht die Rede sein.

Gut, im Laufe der Zeit lernen sie, ihre Sehreste gezielt einzusetzen. So kann es passieren, dass z.B. Licht auf einen Gegenstand fällt und sie diesen dadurch weitaus besser erkennen können.

So geschah es einer Bekannten, die einen kleinen weißen Faden auf einem dunklen Untergrund wahrnahm, ihn aufhob und ihre Begleitung sie erstaunt fragte: „Wie, das siehst Du noch, und über andere Dinge stolperst Du?" Diesen Stolperstein sollte man aus dem Weg räumen und offen erklären, warum, weshalb und wieso.

Wie war das noch? „Bei Licht besehen sieht alles anders aus." *Ich möchte noch einflechten, dass einer lieben Freundin, die bedingt durch ihre Makula-Degeneration kurz vor der Erblindung steht, folgendes passierte:*
Sie ging mit einer kleinen Gruppe einen Weg, der ihr gut bekannt war. Am Ziel angekommen stand sie vor einem Baum, den sie nur schemenhaft erkennen konnte. Der dunkle Stamm hob sich gut ab. Sie schaute hoch und sah den Himmel. Was ist das? Der Baum muss krank sein. Sie hatte ihre Vermutung noch nicht ausgesprochen, als neben ihr ertönte: „Das siehst Du?"
„Nein, Ihr Lieben, ich sehe den Himmel, also folgere ich, dass diesem Baum die Blätter fehlen. Immerhin haben wir Sommeranfang. Da ich den Himmel sehe, vermute ich, dass dem Baum die Blätter abhanden gekommen sind. Demzufolge kann er nur krank sein."
Betretenes Schweigen. Auch hier tat Aufklärung not.
„Oh, wie ich das hasse", meinte meine Freundin anschließend. „Immer diese versteckten Anspielungen."
Ich entgegnete ihr: „Damit musst nicht nur Du leben, sondern viele Blinde." Als Frau, die einmal gesehen hat, behalte ich natürlich auch die Angewohnheiten einer Sehenden bei. So schaue ich grundsätzlich stets dorthin, von woher ein Geräusch kommt. Der Sehende glaubt, ich sähe ihn.
Ich entsinne mich an einen Fall, der sich mit einer Neuerblindeten abspielte. Die Dame musste Wochen in einer Augenklinik liegen, so dass der Ehemann mich bat, ihr die Blindenschrift beizubringen. So drückte ich ihr beim nächsten Besuch das Blindenalphabet in die Hand, ihrem Mann die Übersetzung, so dass beide schon einmal pauken konnten.

Eine Ärztin kam während unseres Gesprächs dazu und meinte: „Sie sehen ja noch ganz schön. Da wird es Ihnen ja leichter fallen, schon einmal die Schrift zu lernen. Denn, so wie ich sehe, sind die Punkte gut erkennbar."

Jetzt tat Aufklärung not. So weihte ich die Ärztin in die Geheimnisse den Blindseins ein. „Ach", meinte sie. „Ich, aber auch das Personal, glaubten stets, wenn wir dieses Zimmer betreten und Sie zur Tür gucken, uns sehen."
Fazit: Es liegt am Blinden, den Sehenden die Augen zu öffnen. Einmal jedoch öffnete ich einem Blinden die Augen.

„Jörg, Du guckst ja mit den Ohren!"
Wer war Jörg? Ein kleiner Junge, ungefähr 5 Jahre alt. Er fuhr auf einem Schulhof mit dem Fahrrad, als er hörte, dass Mama jemanden grüßte. „Mama, wer war das", schallte es von weither. „Eine blinde Dame." „Wo ist sie?" Ich klatschte daraufhin in meine Hände und dirigierte ihn so zu mir. Exakt machte er eine Vollbremsung direkt vor mir. Ich kniete mich, um mit ihm in gleicher Augenhöhe zu sein und fing ein Gespräch an.
„Jörg, Du guckst ja mit Deinen Ohren", stelle ich fest. Ich höre, dass der Schall seitlich von mir weg geht, nehme seinen Kopf, drehe ihn zu mir und sage: „Jetzt ist Dein Köpfchen genau vor meinem Kopf. „Jörg, jetzt haben wir beide Blickkontakt."
„Was ist das, Blickkontakt", kam die Frage von ihm. „Junge, jeder von uns beiden könnte theoretisch dem anderen in die Augen schauen." „Aber ich kann doch gar nicht schauen. Ich habe doch Glasaugen." Puh, das aus so einem kleinen Kindermund zu hören geht unter die Haut! „Jörg, auch ich habe Glasaugen. Trotzdem heißt es Blickkontakt."

Ich habe einmal gesehen und weiß, dass, schaut man während eines Gesprächs dem Gegenüber nicht ins Gesicht, dies sogar als unhöflich angesehen wird.

„Die Sehenden haben andere Gesetze, zumindest, was den Blickkontakt betrifft. Da Du allerdings nach Schall gehst, ist es für Dich auch wichtig, mit Deinen Ohren zu gucken, aber es wirkt unnatürlich."

Längst hatte ich die Mutter an meinem Ärmel zupfend wahrgenommen. „Bitte, hätten Sie etwas Zeit, um mit uns eine Tasse Kaffee zu trinken? Ich hätte einige Fragen, die ich dringend beantwortet haben möchte."

Zeit hatte ich leider nicht, gab ihr aber meine Adresse, so dass sie mich einige Tage später mit Jörg zum Unterricht besuchen konnte, Unterricht in einer ganz anderen Art, nicht in Blindenschrift sondern Anschauungsunterricht.

Jörg lernte, wie man sich anschaut auch als Blinder. Das klappte so gut, dass die Mutter dies in der Vorschule, in die Jörg ging, weitergeben wollte. Ihr Vorschlag wurde abgelehnt. Dazu haben wir kein Personal, hieß es. Wieso Personal? Das kann doch jeder, der gucken kann. Wieder schüttelte ich den Kopf über so wenig Geduld. Dazu braucht man kein geschultes Personal, sondern nur Geduld...

Zurück zu jener Krankenhausärztin, die auch viel zu wenig über blinde Menschen wusste. Sie gab zu: „In der Medizin gilt der Blinde nicht mehr als Patient." Damit ist schon alles erklärt. Auch hier geschieht es nicht aus Bosheit, sondern aus Interesselosigkeit. Den Kindern gegenüber finde ich es unfair, ihnen diesen Anschauungsunterricht vorzuenthalten. Sie haben es dadurch im Erwachsenenalter schwerer.

Meine Finger liegen hartnäckig auf der Schreibmaschinentastatur. Sie wollen noch diese Geschichte vervollständigen.

Musste Jörg erblinden? Nein, wäre da nicht ein Amtsarzt so gleichgültig gewesen, schlimmer noch, so arrogant. Es ist die reine Wahrheit und nichts als diese.

In den ersten Lebensmonaten eines Säuglings musste er früher einem Amtsarzt, im Rahmen der Mütterberatung, vorgestellt werden. Die Mutter von Jörg teilte dem Arzt mehrere Male mit, dass Jörg allzu gern ins grelle Licht schaute. Nachdem sie es wagte, den Amtsarzt noch einmal daraufhin anzusprechen, sagte dieser: „Da kommt die Mutter mit dem Augentick." Jörgs Mutter konsultierte sofort danach einen Augenarzt, der den Jungen in eine bekannte Augenklinik überwies.

Hier stellte man bei Jörg einen Tumor hinter der Augenwand fest. Sofort wurde eine Operation angesagt, aber es war bereits zu spät. „Mein Gott, warum sind sie nicht sofort nach ihrer Feststellung, dass mit Jörgs Augen etwas nicht in Ordnung sein könnte, zu uns gekommen?"

Der Tumor hatte sich mittlerweile auch des anderen Auges bemächtigt. „Ich weiß", meinte die Mutter, „dass jetzt alles Klagen nichts mehr hilft. Nur die Arroganz dieses Amtsarztes hätte nicht zu sein brauchen."

Jene Augenärztin, die sich wirklich für Blinde interessierte, gestand: „Leider sind wir alle etwas gleichgültig. Ich freue mich, dass Sie mir über den Weg gelaufen sind, " sagte sie zu mir. „Jetzt werde ich mehr Verständnis für blinde Menschen aufbringen."

Lieber Leser, deshalb und nur deshalb schrieb ich dieses Buch, um eben vieles mitzuteilen, was längst noch nicht bekannt ist. Und Jörg? Ich bin sicher, dass er seinen Weg geht. Er ist hochintelligent und hat eine Mutter, die für ihn da ist und die ihn fördert. Leider starb der Vater zu früh.

Das letzte, was ich von der Familie hörte war, dass sie in eine andere Stadt gezogen sind, um dem Jungen das Studium an der dortigen Hochschule zu ermöglichen. Er sollte in Geborgenheit groß werden und nicht in einem Internat.

Jörg, liebe Gedanken begleiten Dich und Deine Mutter oft. Um Deine Zukunft bangt es mir nicht.

Ich sprach gerade von lieben Gedanken. Ist eigentlich bekannt, dass gute Gedanken eine große Macht sind, von der wir öfters Gebrauch machen sollten? Ein guter Gedanke neutralisiert zehn schlechte. Ich mache selber ziemlich oft Gebrauch davon.

Lieber Leser, lasse es doch bitte auf einen Versuch ankommen. Gute Gedanken sind ein Gebet und treffen immer den Richtigen. Jetzt mag man nachdenklich werden oder auch nicht. Immer wieder umhülle ich meine Kinder und Enkelkinder mit lieben Gedanken.

Ich kam bewusst vom Thema ab. Weiter im Text: Die Krankenhausärztin hatte längst bemerkt, dass ich ihr während unseres Gesprächs ins Gesicht schaute, ja sogar in die Augen. Es irritierte sie. Wieder traten bei ihr Zweifel auf. „Aber, ein kleines bisschen sehen Sie doch", meinte sie. „Frau Doktor, ich habe einst phantastisch gesehen und die Angewohnheit, dorthin zu schauen, woher das Geräusch oder die Stimme herkommt. Dies werde ich hoffentlich ein Leben lang behalten."

Der Slogan der Blinden lautet:

Sprich mit mir, damit ich Dich sehe.

So, wie anfänglich bei dieser Ärztin, haben leider viele meiner sehenden Mitmenschen ihre vorgefestigte Meinung vom Blinden. Wer jedoch bereit ist, richtig hinzuhören, erfährt mehr.
Oft höre ich, ich kenne Blinde, die absolut hilflos sind und keinen Schritt alleine gehen, die lahm sowie träge sind. Dies berichtete mir ein Busfahrer.
Prompt konterte ich: „Ich kenne auch Sehende, die lahm und träge sind. Anstatt solche Bosheiten von sich zu geben, sollte man ein solches Klischeedenken vergessen und lieber fragen, ob Hilfe notwendig ist. Vielleicht ist auch außer einer Erblindung noch eine andere Behinderung vorhanden."

Klarstellen möchte ich: D e n Blinden gibt es nicht, so wie es d e n Sehenden nicht gibt. Jeder Mensch hat sein Schicksal, seine Möglichkeiten. Charakter und sozialer Stand spielen auch eine Rolle. Alle versuchen, ihr Schicksal zu meistern. Einer macht es laut, der andere lautlos.
Ich habe einen Traum: Lassen wir das Kritisieren und bieten stattdessen unsere Hilfe an. Meine Freundin z. B. taucht plötzlich bei mir auf, als ob sie über alle Zeit der Welt verfügt und sagt: „Ich habe Zeit, brauchst Du mich?" Das ist Musik in meinen Ohren. Danke Dir, mein Schatz!
Doch es wäre unfair, meine Mitmenschen in meiner kleinen Stadt als lieblos zu bezeichnen. Wenn ich im Alleingang meine Wohnung verlasse, höre ich oft von irgendeiner Seite eine Warnung: „Vorsicht, da steht mal wieder ein Auto auf dem Bordstein oder Glassplitter liegen herum." Wenn ich auf der Straße lande, weil ein Auto mir auf dem Bürgersteig den Weg versperrt, höre ich, dass plötzlich ein Autofahrer eine Vollbremsung macht, um mir mitzuteilen, dass ich mich auf der Straße befinde.

Ich erkläre dann, dass ich zu genau weiß, wo ich mich befinde. Nur ob der Autofahrer, der seinen Wagen auf dem Bürgersteig parkt, die Straßenverkehrsordnung kennt, das bezweifele ich.

So manche Hand streckt sich aus, um mir zu helfen. Nicht weil ich so hilflos bin, sondern weil viele meiner Mitmenschen ihr Herz auf der richtigen Stelle haben.

Dankeschön, lieber Sehender!

Wie verhalten sich Kinder?

Kinder gehen ungezwungener mit behinderten Menschen um. Sie fragen uns z.B. nicht bis ins kleinste Detail über unser Leben aus. Immerhin hatte ich vier Monate Gelegenheit, mich mit Schülern eines Gymnasiums, das auch mein Sohn besucht hat, über das Blindsein zu unterhalten. Es gab eine rege Diskussion darüber, wie wir als Blinde klarkommen.

Ursprünglich hatte mich Michaels Klassenlehrer gebeten, in einer Unterrichtsstunde über den Aufbau der Blindenschrift zu sprechen. Die Kids wollten mehr und sie bekamen es auch. Zur Diskussionsgrundlage wurde mein Gedicht „Lieber Sehender" ausgewählt. Fragen über Fragen wurden gestellt. Ein Junge aus der 13. Klasse jenes Gymnasiums überraschte mich mit der Frage: „Kann ein Blinder Fußball spielen? Ich habe mal von einem Klingelball gehört, wie funktioniert das?"
Meine Antwort: „In einem normalen Fußball befindet sich eine Klingel, die man gut hören kann." Das durfte nicht wahr sein, was jetzt erfolgte. Von irgendwo her nahm ich ein erleichtertes Aufatmen wahr: „Na, dann ist es ja nicht so schlimm, blind zu sein, wenn man weiter Fußball spielen kann." Ich rollte meine Augen.
Am nächsten Morgen, als mich viele Schüler am Schuleingang begeistert abholten, stoppte ich ihren Übermut. „Hört bitte genau hin, ich bin nicht gekommen, um Euch die Blindheit schmackhaft zu machen, wohl aber, um Euch immer wieder einzuimpfen, dass Ihr in Zukunft mit der netten Geste, „Kann ich helfen", auf blinde Menschen zugeht. Versprochen?!"
Das anschließende „Ja, großes Ehrenwort" erfreute mich.

Ferner baten mich die Kinder, ihnen mehr über das „Nach-Schall-Gehen" zu demonstrieren.
Wir bildeten daraufhin einen Riesenkreis. Ein Schüler musste sich melden. Ein kleines Mädchen von 10 Jahren wollte es mit mir versuchen. Ich rief ihr zu, sie möge ihren Namen sagen, damit ich sie akustisch orten könne. Nun holte ich sie an ihrem Platz ab. Unter einer Augenbinde ging sie an meiner Hand durch den Raum. Von wegen „ging". Ich musste sie förmlich ziehen. „Nein danke, ich habe Angst", sagte sie. „Bringen Sie mich bitte wieder an meinen Platz."
Schallendes Gelächter folgte vonseiten der übrigen Schüler. Gut, dann bitte kommen jetzt die Lacher zu mir. Alle sollten nach und nach unter der Augenbinde gehen. Verstärkt machte ich sie jetzt auf Hindernisse aufmerksam. „Nehmt Ihr sie wahr? Merkt Ihr etwas von einem Schallwiderstand? Langsam auf eine Wand zugehend kann man den Schallwiderstand hören." Nicht alle schafften es auf Anhieb. Doch auch hier wieder: Sie begriffen, was ich meinte, denn oft griffen sie nach einem Gegenstand ohne Hindernis.
Noch nach Jahren, als aus ihnen junge Erwachsene geworden waren, kamen sie auf mich zu, nicht nur um mir zu helfen, sondern um mir mitzuteilen, wie lebhaft sie diese Begegnung mit mir in ihrer Schule noch in Erinnerung hatten. Und, „können wir Ihr Gedicht noch einmal haben? Heute begreifen wir den Inhalt weitaus besser. Ihrem Wunsch, mit offenen Augen durch die Welt zu gehen, kommen wir immer noch nach. Das Wort Gleichgültigkeit haben wir aus unseren Köpfen gestrichen."
Innerlich „Hurra" schreiend trennten wir uns. Auch hier wieder: Gehen wir aufeinander zu, ohne Vorurteil. Das Leben ist so wertvoll und wunderbar!

Ganz kampflos geht es leider nicht immer. Trotzdem über 30 Jahre im Dunkeln, viele Kämpfe ausgefochten, bin ich kampferprobt. Resignieren mochte und möchte ich nicht. So freue ich mich, dass die Blindenverbände endlich in ihren Aktionen auf die Sehenden zugehen.

Diese Veranstaltungen haben außerdem das Ziel, auf die Blindheitsverhütung hinzuweisen. Vorsorge ist die wichtigste Verhütung. Auch hier: Fragen Sie ihren Arzt. Deshalb mein Appell: „Lasst die Augenärzte nicht arbeitslos werden. Manche Augenkrankheit lässt sich oft leicht wieder in Ordnung bringen. Ist es erst zu spät, bringt das Klagen auch nichts mehr." Wie sagte damals der Vorsitzende vom Blindenverein: „Die Späterblindeten können immer nur jammern. Ganz unrecht hatte er nicht, nur...?"

Auch ich war am Anfang meiner Erblindung ein Bild des Jammerns. Todunglücklich und hilflos schrie ich förmlich nach Hilfe. Mein Mann, immerhin Vater meiner drei Kinder, dachte auch nach meiner Erblindung nicht daran, seine Bequemlichkeit aufzugeben. So war ich gezwungen, mit aller Gewalt immer wieder auf die Beine zu kommen. Als ich dann Mitglied jenes Vereins wurde, glaubte ich, alle meine Probleme würden gelöst. Irrtum! Zu diesem Zeitpunkt wusste ich nichts von der Unterschiedlichkeit, einmal gesehen oder nie gesehen zu haben.
Wie schon gesagt hatten Geburtsblinde den Vorsitz des Vereins schon jahrzehntelang inne. Es kam immer zu Enttäuschungen, weil die Neuerblindeten sich nicht richtig verstanden fühlten.

Ein Mensch, der blind zur Welt kommt, lernt von Kindesbeinen an, sich in der Dunkelheit zurechtzufinden. Außerdem wird er schon früh in die Geheimnisse der Blindenschrift, der Mobilität und in vieles andere eingewiesen. Nur, kann ein Mensch, der nie gesehen hat, sich überhaupt etwas unter Sehen vorstellen?

Ich möchte jetzt, dass man meine Frage nicht zerpflückt, sondern realistisch betrachtet. Die Frage soll keineswegs die Lebensqualität geburtsblinder Menschen schmälern, ganz im Gegenteil. Ich schaue bewundernd zu vielen von ihnen auf.

Viele Geburtsblinde sind in anspruchsvollen geistigen Berufen tätig. Wir, die erst im Erwachsenenalter erblindet sind, einen qualifizierten Beruf hatten, werden nach unserer Erblindung mit dem Grad der Blindheit gemessen, haben die Chance an einer Umschulung oder an Lehrgängen teilzunehmen. Dann heißt es wieder, die Schulbank zu drücken und sich neuen Lebensbedingungen zu unterwerfen.

Nicht alle sind in der Lage, mit ihren Fingern die Blindenschrift zu erlernen. Bei Diabetikern kommt es oft zur Gefühllosigkeit der Fingerspitzen. Sie können diese Schrift nicht lesen. Es erfordert eine große Portion an Disziplin. Andere Erblindete, z.B. aus Entwicklungsländern, beneiden uns. Als Könige unter den Blinden sollten wir dankbar sein, zu einem reichen Land zu gehören. Nutzen wir unsere Chance!

Seit Jahren findet eine Entwicklung statt, die aufhorchen lässt. Ich zitiere einen Blindenlehrer, der in einem Vortrag auf dieses Phänomen aufmerksam machte.

„Wir bekommen unsere Schulklassen nicht mehr zu Genüge mit blinden Kindern gefüllt, weil die Zahl der mehrfachbehinderten blinden Kinder erschreckend zunimmt," sagte er. Vor 20 Jahren waren viele Kinder, die blind geboren wurden, „nur" blind. Das war schon hart, doch es steigerte sich. Viele dieser mehrfachbehinderten Kinder schaffen absolut keine Schulung. Woran liegt es? Kommt mir nicht damit, die Umweltverschmutzung sei daran schuld.

Jahrelang habe ich für eine große Vereinigung Schwanger-schaftskonfliktberatungen durchgeführt. In diesen 6 Jahren konnte ich mir die Ungereimtheiten vieler Frauen anhören. Sie erwarteten ihr zweites Kind und hatten Angst, wieder ein behindertes Kind zur Welt zu bringen.
Wenn ich nachhakte, wie die erste Schwangerschaft verlaufen sei und ob sie ihrem kommenden Kind zuliebe auf Zigaretten, Alkohol und Tabletten verzichtet hätten, hieß es erstaunt: „Was hat das mit einem behinderten Kind zu tun?"
„Viel, sehr viel", entgegnete ich. „Das Kind im Mutterleib ist an den Kreislauf der Mutter angekoppelt. Alles was die Mutter isst, trinkt und genießt nimmt auch das Kind auf. Bei Alkohol schluckt auch das Kind mit, bei Zigaretten und Tabletten nimmt es gleichzeitig die Giftstoffe mit auf. Für die Mutter ist die Menge in der Regel noch einigermaßen tragbar. Für so ein winziges Leben ist es eine Überdosis..." Dies sehe ich als einen der Hauptgründe für Hirnschädigungen an.
„Hat ein Arzt Sie auf die Folgen solcher Suchtmittel während der Schwangerschaft überhaupt aufmerksam gemacht, mit Nachdruck natürlich?"
„Nein, ich sollte sie lediglich weglassen."

So ging ich in die Offensive und fragte bei Gynäkologen nach. Hier hieß es: „Die Frauen sind alt genug, um so etwas zu wissen. In den Medien wird seit Jahren davon berichtet". Stimmt vielleicht, doch ein Arzt müsste es vielleicht mit mehr Nachdruck vermitteln. Zuviel Information, auch das wissen wir, stumpft ab.

Nach der zweiten Nierensteinentfernung mittels Schlinge, impfte mir der Urologe ein, ich sollte ab sofort besser auf meine Gesundheit achten. Täglich zwei Liter reines Wasser, dies kann auch aus der Wasserleitung sein, reinige den Körper.

In dieser Standpauke erfuhr ich, wenn der Körper pro Tag zwei Liter Wasser und mehr bekommt, wird er wunderbar gereinigt, und es kommt längst nicht zu den Ablagerungen, die Schuld an vielen Erkrankungen sind. Ich, oder besser er, hat es mir hinter die Ohren geschrieben. Solche massiven Mitteilungen bringen mehr, als zwischen Tür und Angel zu sagen: „Lassen sie mal den Alkohol weg." Seitdem sind über 20 Jahre vergangen. Es haben sich keine Nierensteine mehr bei mir gebildet.

Kinder, die durch einen solchen Leichtsinn geschädigt zur Welt kommen, sind die Verlierer in jeder Hinsicht. Das Leben fordert ihnen etwas ab, mit dem sie, hätte man sie vorher gefragt, nicht einverstanden gewesen wären. Deshalb, nur deshalb, muss hier ein Umdenken stattfinden.

So sollten Ärzte jenen Kindern, die erwünscht sind, die Chance geben, das Licht der Welt ohne Behinderung zu erblicken.

Wussten Sie, dass in den letzten 20 Jahren Millionen von Kindern in der Bundesrepublik abgetrieben wurden? Gleichzeitig beklagt man den Kindermangel hier im Lande. Wie eine Abtreibung vonstatten geht, erfahren Schüler bei „Pro Familia", wo sie die Funktion eines Abtreibungsstuhles erklärt bekommen.

In diesem Zusammenhang fiel das Wort „Meuchelmord". Dies erfährt man in der Studie „Der stumme Schrei": Das Kind zieht sich in den hintersten Winkel der Fruchtblase zurück, und sein Puls geht von 70 auf 140 hoch. Das Mündchen öffnet sich hierbei zum „stummen Schrei".

Ich teile hier nichts Neues mit, möchte jedoch, dass das Morden an Ungeborenen aufhört. So wie der Holocaust heute angeklagt ist, wird, und da bin ich mir sicher, einst auch unsere Zeit wegen tatenlosen Zusehens an den Pranger gestellt werden.

Wir sind inzwischen so wissenschaftshörig geworden, es schreit zum Himmel. Kinder können demnächst in Amerika per Katalog bestellt werden. Auch bei uns bastelt man schon eifrig an der Herstellung von Kindern, bildschön und ohne Makel. Wenn dann solch ein Kind durch einen Unfall geschädigt und entstellt wird ... Ich wage nicht, weiter darüber nachzudenken.

Auf einen Nenner gebracht: So kann und so darf es nicht weitergehen. Dass ich wütend bin, liegt daran, dass ich viel zu viel Elend gesehen oder davon gehört habe.

Unsere Zeit hat ein Heer von kranken Menschen hervorgebracht. Die psychischen Folgen einer Abtreibung kosten den Staat und die Krankenkassen Unsummen.

Zu gut kann ich mich daran erinnern, dass Frauen, die abgetrieben haben, immer wieder anriefen und mich darum baten, in meinen Beratungsgesprächen die Frauen auf die psychischen Folgen einer Abtreibung aufmerksam zu machen. Sie erinnerten sich an Höllenvisionen. Hätte man sie im Vorfeld auf diese Folgen aufmerksam gemacht, sie hätten niemals abgetrieben.

Fast jede Frau begibt sich nach einer Abtreibung in eine psychiatrische Behandlung. Können wir uns diese finanziell noch erlauben?- Anscheinend ja. Ich höre Radio und erfahre dadurch, dass viele Frauen durch ihre Abtreibung geschädigt sind; nicht nur an ihrer Seele, sondern auch körperlich. Eine erneute Schwangerschaft tritt danach selten wieder ein. Der Wunsch nach einem Kind könnte dann nur durch eine Adoption erfüllt werden.

Die Mediziner haben heute eine große Verantwortung. Den Eid des Hippokrates brauchen sie heute nicht mehr abzulegen. Wer war Hippokrates? Ein Arzt, 460 vor Chr. geboren, ein Mann nach dem Herzen Gottes.
Der Text des Eides wurde 1948 vom Weltärzteverband neu formuliert und bildet -leicht modifiziert- seit 1950 die Präambel für die Berufsordnungen der einzelnen Deutschen Ärztekammern.

Das „Genfer Gelöbnis" lautet:
„Im Zeitpunkt meines Eintritts in den ärztlichen Beruf verpflichte ich mich feierlich, mein Leben dem Dienste der Menschheit zu weihen.
Ich werde meinen Lehrern die schuldige Achtung und Dankbarkeit wahren.
Ich werde meinen Beruf gewissenhaft und würdig ausüben.

Die Gesundheit meiner Patienten wird meine erste Sorge sein.

Ich werde das Geheimnis dessen, der man mir anvertraut hat, wahren.

Mit allen mir zur Verfügung stehenden Mitteln werde ich die Ehre und die stolzen Überlieferungen des Ärzteberufes aufrechterhalten.

Meine Kollegen sollen meine Brüder sein.

Ich werde es nicht zulassen, dass sich religiöse, nationale, rassische Partei- oder Klassengesichtspunkte zwischen meine Pflicht und meine Patienten drängen.

Ich werde das menschliche Leben von der Empfängnis an bedingungslos achten.

Selbst Drohungen werden mich nicht dazu bringen, meine ärztlichen Kenntnisse entgegen den Pflichten der Menschheit anzuwenden.

Ich gelobe dies feierlich, frei und auf meine Ehre."

Wir alle haben irgendwann von den zehn Geboten Gottes gehört. Gott hat sie uns aus Liebe gegeben. Sie zu befolgen ist bei der heutigen Spaßgesellschaft gar nicht so einfach. Die Belohnung dafür ist ein gutes Gewissen.

Wieder tanze ich nicht aus der Reihe, wenn ich mitteile, dass außer mir auch andere Mitmenschen keine Schwierigkeiten haben, nach den zehn Geboten zu leben.

Zu gut entsinne ich mich noch, als die Mauer in Berlin fiel. Bush, der damalige US-Präsident, sagte: „Es läuft alles nach Plan. Wir haben die neue Weltordnung."
Auch das erfuhren wir über die Medien. Wenn die neue Weltordnung allerdings durch Kriege erreicht werden muss, habe ich kein Verständnis dafür. Kriege haben noch nie einen Frieden erwirkt. Auch hierfür bin ich Zeitzeuge.

Sinnvoller wäre es, wenn die hohen Geldsummen, die für Kriege bereitgestellt werden, für friedliche und humanitäre Zwecke verwendet würden. Die Welt wäre friedlicher. Junge Frauen hätten durch die freiwerdenden finanziellen Mittel wieder mehr Mut, ihre Kinder auszutragen.

In meinem Lehrgang für Späterblindete traf ich auch auf Kriegsblinde. Sie waren nicht nur blind, sie hatten in einem sinnlosen Krieg außer ihrem Augenlicht noch zusätzlich Hände, Arme oder Beine eingebüßt. Wenn ihnen auch liebe Ehefrauen zur Seite standen: Ein solches Schicksal ist grausam. Blinde Ohnhänder oder Taubblinde, wer hat schon einmal davon gehört?

Herr, wenn möglich, lasse diesen Kelch an mir vorüberziehen. Das Wissen, dass es hätte noch schlimmer werden können, lässt mich meine Blindheit besser ertragen. So betrachte ich oft meine Hände und komme ins Nachdenken...

Dabei kommt mir die Begegnung mit einer Reporterin in den Sinn. Sie wollte einen Bericht über mich in einer Zeitung veröffentlichen. Dabei hätte sie gerne meine Hände, die sehr abgearbeitet sind, als Titelbild gezeigt.-
Übrigens, der Mensch besitzt 214 Knochen. 47 davon gehören allein den Händen...

Diese meine Hände, die mir das Lesen ermöglichen, die ich während des Lesens oft spontan küsse, haben mich bis heute noch nie im Stich gelassen.

Und wie von selbst schließen sie sich in tiefer Dankbarkeit zum Gebet.

So sei es: Amen.

**Zum Abschluss noch ein wichtiger Hinweis:**

Neuerdings warnen Augenärzte vor der Zunahme von Glaukomerkrankungen bei Computerbenutzern. Wichtig ist es, den Augeninnendruck regelmäßig vom Augenarzt überprüfen zu lassen. Bei Nichtbeachtung führt dies unweigerlich zur Erblindung.

Mein lieber Sohn,

*gegen den Willen Deines Vaters wurdest Du geboren.
Ich sah mich schon fast verloren, da ich an dieser Familien-
lieblosigkeit innerlich immer tiefer zerbrach.- Dein Vater
und ich trennten uns nach Jahren. Viel zu früh musstest Du
erfahren, was es heißt, mit einer blinden Mutter alleine zu
leben.*
*Unser Lachen hatten wir längst verlernt, fehlten uns doch
Deine Geschwister Dagmar und Bernd. Beide lebten weit
entfernt von uns. Zuerst einmal hieß es für uns beide
zu überleben. Was danach kommen sollte, würden wir es
jemals erleben?!*
*Meine Welt um mich herum wurde immer dunkler,
nicht weil ich sowieso nichts mehr sah, sondern weil es
in meinem Herzen so nachtdunkel war.*
*Dich, mein Sohn, wollte ich in ein Leben voller Licht führen.
Immer wieder solltest Du spüren, wie lieb ich Dich habe.
Dir galt mein Leben, dazu meine Liebe.
So lernte ich hauptsächlich Deinetwegen die Braille´-Schrift
und vieles mehr. Die damit erlangte Ehre half uns beiden
auf unsere Beine sehr ...*

Deine Mutter

Kann ein Mensch, <u>der nie gesehen hat</u>, sich überhaupt etwas unter dem S E H E N vorstellen?

Ich denke „Nein". Das teilen mit mir sehr viele Späterblindete, wenn über den Verlust ihres Augenlichtes diskutiert wird. Menschen, die einmal gesehen haben, erinnern sich noch sehr gut daran, wie detailliert und schnell sie mit ihren Augen alles wahrgenommen haben. Auch ich habe einmal phantastisch gesehen. Dabei war es mir wichtig, meinem Gegenüber stets in die Augen zu schauen. Was können Augen alles vermitteln! Ein Blick kann oft mehr als tausend Worte ausdrücken. Ich übertreibe keineswegs. Zahlreiche Publikationen, Lieder und Gedichte erwähnen es oft genug.

Vor meiner Erblindung unternahm ich mit meinen beiden erstgeborenen Kindern häufig Wanderungen. Oft kamen wir beim Betrachten der Naturschönheiten aus dem Staunen nicht mehr heraus. Entsprechend lebhaft waren auch die Reaktionen der Kinder. Mal war es ein begeisterter, mal ein zweifelnder Blick. Demnach war auch die Mimik der Kinder. Wie oft nahm ich einen triumphierenden Blick wahr, wenn meine Kinder mir voller Überzeugung mitteilten, dass sie im Recht waren.

Wie liebte ich ihre lachenden Augen, den fragenden Blick, aber auch ihre strahlenden Augen, wenn ihnen etwas gelungen war. Ich entsinne mich dazu noch zu gut an ihre Augen voller Tränen oder auch an ihre traurigen Blicke ...

Als Michael geboren wurde, konnte ich Gegenstände nur noch diffus nach Farben wahrnehmen. Das war 4 Jahre nach meinem Unfall. Damals wollte ich das normale Sehen regelrecht erzwingen.

Dies entwickelte sich so: Immer wieder wurde mir berichtet, dass Michael große strahlendblaue Augen habe und dazu ein hübsches Kind sei. So nahm ich den Jungen auf meinen Arm und hielt dabei sein Gesichtchen ins Sonnenlicht. Ich sah natürlich nichts als eine helle Gesichtsfläche, glaubte schon meinen Verstand zu verlieren. Dabei wollte ich nicht wahrhaben, dass ich zu diesem Zeitpunkt schon praktisch blind war.

Mein Verstand rebellierte. Plötzlich begreifend, was sich in meinem Gehirn abspielte, ließ ich ganz langsam chemische Formeln durch mein Gedächtnis rasseln ... Wieder zur Vernunft gekommen, drückte ich Michael leisemurmelnd an mich heran: „Verzeihe mir, mein Schatz. Ich werde nie wieder so etwas machen."

Ich hoffe jetzt, dass Sie mich verstehen, warum ich ein Plädoyer für die Späterblindeten halte.

> *„In jedem Gesicht*
> *steht des Menschen Geschicht´*
> *sein Hassen und Lieben*
> *deutlich geschrieben ... "*   (bei „Fliege" aufgeschnappt)

Und noch etwas, liebe Leser, was ich in diesem Zusammenhang gerne einflechten möchte: Heute, nachdem ich schon seit 36 Jahren nicht mehr sehen kann, habe ich gelernt, mittels des Tastens, Schnupperns, Hörens mit meinen geschärften Sinnen meine Umwelt wahrzunehmen. A l l e diese neuen Errungenschaften ersetzen keineswegs das Sehen...!

Und, lieber Sehender, zuletzt:

Wenn wir, die Nichtsehenden, nicht alles so schnell wie Ihr auf einen Blick erfassen, stempelt uns bitte nicht als „Dummerchen" ab. Zeigt menschliche Stärke! Nehmt Euch mehr Zeit in Gesprächen mit uns, klammert uns nicht aus und stellt Eure Fragen nicht an unsere sehenden Begleiter, sondern direkt an uns. So erspart Ihr uns ein leises Knurren und fördert unser Miteinander, danke!